I0566794

DISCLAIMER

The author and publisher are providing this book and its contents on an "as is" basis and make no representations or warranties of any kind with respect to this book or its contents. The author and publisher disclaim all such representations and warranties, including but not limited to warranties of merchantability. In addition, the author and publisher do not represent or warrant that the information accessible via this book is accurate, complete, or current.

Except as specifically stated in this book, neither the author nor publisher, nor any authors, contributors, or other representatives will be liable for damages arising out of or in connection with the use of this book. This is a comprehensive limitation of liability that applies to all damages of any kind, including (without limitation) compensatory; direct, indirect, or consequential damages; loss of data, income, or profit; loss of or damage to property; and claims of third parties.

This Book Offers Free Bonus Puzzles

Available Here:

BestActivityBooks.com/WSBONUS20

5 TIPS TO START!

1) HOW TO SOLVE

The Puzzles are in a Classic Format:

- Words are hidden without breaks (no spaces, dashes, ...)
- Orientation: Forward & Backward, Up & Down or in Diagonal (can be in both directions)
- Words can overlap or cross each other

2) LEVEL UP THE GAME!

A space is provided next to each word to write new ones, translations or notes. We also offer a convenient **NOTEBOOK** at the end of this edition. It can help you organize your annotations, new words and/or observations.

3) TAG YOUR WORDS

Have you tried using a tag system? For example, you could mark the words which have been difficult to find with a cross, the ones you loved with a star, new words with a triangle, rare words with a diamond and so on...

4) EASY TO CUT!

The Puzzles come with an Extra Large margin to easily cut the page out of the book. Some people may feel it more convenient to solve them this way.

5) FINISHED?

Go to the bonus section: **MONSTER CHALLENGE** to find a free game offered at the end of this edition!

Want **more fun** and activities to **relax? It's Fast and Simple!** An entire Game Book Collection **just one click away!**

Find your next challenge at:

BestActivityBooks.com/MyNextWordSearch

Ready, Set... Go!

Did you know there are around 7,000 different languages in the world? Words are precious.

We love languages and have been working hard to make the highest quality books for you. Our ingredients?

One part easy-to-read print, three parts entertainment, then we add some challenging words and a pinch of rare ones. We brew them with care to serve you lots of fun and an opportunity to solve the best puzzles.

Your feedback is essential. You can be an active participant in the success of this book by leaving us a review. Tell us what you liked most in this edition!

Here is a short link which will take you to your Amazon orders review page.

BestBooksActivity.com/Review50

Thanks for your fidelity and enjoy the Game!

Delta Classics Team

Puzzle 1

이	말	북	위	결	말	너	바	풍	크	바	어	올	물	람
굴	장	노	은	트	에	질	스	집	문	체	제	체	기	달
다	영	답	장	터	달	스	미	쌀	위	을	집	한	장	이
여	왕	감	고	들	자	감	스	문	셀	절	체	행	문	결
굽	부	찍	을	풍	레	문	터	다	운	돌	한	그	러	부
늘	어	문	셀	적	말	카	리	맞	결	한	다	림	스	쌀
퓨	법	도	용	용	북	한	올	은	용	어	발	이	동	셀
자	필	어	감	절	노	을	운	감	부	다	올	을	자	자
다	노	크	트	굽	터	트	주	동	동	절	북	은	한	질
자	표	대	자	법	원	의	트	터	한	달	발	를	레	민
바	날	이	문	넥	깨	위	머	리	을	북	문	자	션	속
그	런	다	음	용	타	꽃	알	약	사	람	이	없	는	학
감	올	날	로	동	풍	이	한	쌀	쌀	유	리	찍	맞	적
운	한	수	행	범	측	느	느	러	고	말	이	체	추	문

넥타이
그런 다음
머리
노크
수행
물기
답장
쌀쌀한
미스터리
사람이없는

알약
어제
여왕
법원의
그림
유리
영감을
깨끗한
민속학
적용

Puzzle 2

익	숙	한	크	이	드	라	이	브	을	매	화	들	다	백
돌	문	도	동	적	거	운	양	이	다	발	늘	트	발	만
바	부	질	표	퓨	굴	문	고	용	의	이	올	문	자	격
다	너	바	부	짓	달	체	범	레	행	컴	동	레	동	을
동	표	말	주	적	느	운	바	위	늘	끔	동	트	눈	홀
뛰	어	난	문	발	굴	다	집	업	적	을	전	도	램	리
광	장	질	공	적	트	제	가	상	치	킨	절	크	감	의
대	문	동	의	적	너	철	회	결	을	트	크	은	로	러
한	젊	을	앤	티	크	바	춤	위	행	그	절	용	은	문
끔	풍	용	쌀	바	체	법	낌	터	주	래	루	다	동	사
장	들	달	용	부	자	동	도	대	이	프	운	젊	용	법
용	러	느	적	은	젊	도	맞	이	프	느	들	조	공	고
동	물	발	이	의	은	견	날	쌀	쌀	춤	질	들	합	카
굴	절	발	전	솔	올	물	용	늘	북	극	권	발	늘	을

익숙한	백만
조합	가상
북극권	범위
상업	철회
그래프	고양이
드라이브	홀리
트램	치킨
앤티크	자격
매화	눈동자
뛰어난	광대한

Puzzle 3

거	한	이	절	은	제	한	늘	로	발	절	용	세	요	너
눈	송	이	문	를	신	바	얇	파	한	부	부	동	계	표
동	북	을	필	물	은	원	은	운	어	이	마	우	스	트
동	습	제	필	올	스	카	제	드	두	벤	러	컴	문	솔
카	기	문	바	체	굽	대	사	이	운	트	낌	자	장	한
파	컴	절	감	사	합	니	다	느	찍	느	카	운	람	다
고	날	젊	전	파	람	문	다	찍	장	낌	장	은	바	을
루	을	션	스	드	동	북	레	셀	한	은	동	발	행	말
주	굴	너	바	라	카	솔	에	대	크	거	올	견	끔	용
다	에	위	말	이	굽	솔	밥	운	달	을	도	한	고	도
적	레	션	을	버	용	풍	문	솥	체	짓	수	한	동	한
밀	도	감	사	하	게	동	완	두	콩	퓨	필	날	거	러
부	정	적	인	트	셀	발	컴	은	러	한	요	걸	음	를
집	너	춤	받	풍	한	발	동	장	주	말	을	날	동	질

파운드	밥솥
제한	눈송이
세계	필수
드라이버	필요
부정적인	걸음
마우스	감사하게
습기	얇은
신원	어두운
이벤트	감사 합니다
밀도	완두콩

Puzzle 4

쌀	범	거	도	너	고	다	한	굴	바	용	리	쌀	끔	돌
돌	은	원	표	전	너	을	루	도	주	절	산	정	비	공
맞	춤	법	을	은	재	동	낙	추	공	동	업	비	들	진
전	바	질	다	측	이	고	타	부	적	절	한	어	캠	행
에	은	체	집	측	필	의	의	사	느	너	공	있	프	경
은	터	발	감	요	주	동	맞	발	장	굽	법	음	동	끔
도	뭔	가	쌀	인	루	제	빠	르	게	을	트	을	받	로
션	날	월	러	질	고	무	서	워	로	끼	제	물	올	한
늘	한	요	발	을	람	에	행	러	의	스	도	람	육	주
동	주	일	맞	쌀	다	이	다	맞	바	도	용	두	늘	느
달	사	은	트	은	장	을	표	쌀	측	맞	절	구	느	도
바	동	스	느	한	부	도	카	한	은	물	발	거	말	번
춤	을	을	을	절	쌀	풍	행	동	노	동	크	한	번	사
고	다	동	은	체	쌀	풍	행	동	노	동	크	한	번	사

육두구
산업
주제
낙타
재고의
뭔가
월요일은
맞춤법을
부적절한
비어 있음

도전
법원
한 번
진행경력
빠르게
정비공
요인
캠프
무서워
전에

Puzzle 5

```
다 른 사 람 위 동 고 을 코 이 에 은 노 달 운
용 운 맞 덮 추 올 용 장 없 리 유 필 트 고 솔
쌀 한 너 개 집 문 의 재 는 용 필 농 북 한 주
레 쌀 북 추 은 다 카 생 소 들 느 담 스 집 러
트 심 지 어 리 다 트 맞 장 주 로 의 트 사 다
스 다 주 감 받 스 필 전 맞 러 부 서 쪽 을 을
기 찾 범 제 사 거 다 바 꼼 운 제 컴 람 카 이
계 퓨 리 행 트 문 늘 쌀 한 람 측 바 북 로 부
에 도 이 늘 느 은 러 질 노 물 발 트 행 이 스
의 동 느 용 표 쌀 물 감 제 을 어 로 쌀 부 굴
존 느 감 트 용 받 고 로 굽 앉 석 탄 미 스 굴
자 말 늘 북 달 레 대 절 바 아 광 경 을 굴 풍
솔 제 카 찍 동 절 운 바 굴 컴 어 절 표 범 풍
굴 에 발 결 스 자 날 스 굴 컴 어 절 표 범 풍
```

주장	미스
농담	감사
석탄	장소는
서쪽을	광경
덮개	앉아
찾기	고용의
표범	심지어
다른 사람	코없는
노트북	이유
기계에 의존	재생

Puzzle 6

바	퓨	춤	동	말	텍	용	을	요	을	셀	바	치	바	다
퓨	날	대	터	용	틱	스	올	을	루	동	컴	약	트	한
를	용	전	부	전	리	크	트	스	테	관	찰	장	주	리
결	도	보	고	을	통	문	도	법	동	이	공	풍	법	에
결	절	여	확	위	치	제	사	한	게	북	동	카	레	필
추	다	준	산	돌	자	를	트	부	임	다	끔	걸	측	절
의	체	컴	을	장	북	맞	돌	문	쌀	풍	발	핏	쉬	운
트	리	커	뮤	니	티	회	사	가	문	춤	셀	하	을	문
들	한	장	말	리	필	이	부	결	바	람	행	면	춤	자
돌	집	쌀	들	스	지	셀	도	측	람	로	크	짓	범	은
파	자	을	한	동	바	도	를	받	법	동	을	감	솔	굴
동	한	제	느	꼼	운	바	낌	에	대	를	발	대	을	행
로	굴	찰	경	을	에	목	소	리	느	자	느	도	동	견
발	운	행	제	부	크	계	산	기	를	측	부	견	굽	절

테스트	확산을
보여준	경제
텍스트	고위
지도	경찰
계산기를	관찰
쉬운	문제를
스틱	치약
회사가	목소리
커뮤니티	통치자
게임	걸핏하면

Puzzle 7

당	대	통	령	버	스	를	받	낌	대	부	동	측	크	션
동	사	동	범	로	동	고	레	크	표	고	느	말	터	전
표	쌀	자	제	제	물	춤	한	이	에	문	트	공	낌	은
문	거	울	가	돌	을	포	도	전	표	느	람	동	고	말
사	돌	거	한	운	어	솔	동	질	굽	법	문	필	드	발
컴	컴	동	바	너	컴	느	용	늘	늘	너	위	날	름	을
체	쌀	크	람	의	션	받	질	쌀	도	부	질	요	퓨	풍
말	은	솔	질	한	솔	웨	이	솔	동	대	대	어	제	북
바	셀	박	질	이	감	이	늘	대	전	를	우	리	의	표
달	람	물	느	문	필	크	이	바	고	기	발	낌	문	문
흔	조	관	자	노	늘	젊	퓨	이	션	춤	트	추	이	느
어	들	약	스	트	림	정	터	쌀	자	동	체	예	술	전
세	동	었	들	인	로	부	한	퓨	질	너	다	고	장	재
븐	춤	제	다	포	로	이	풍	다	분	리	동	문	낌	킷

조약	웨이크
당사자가	거울
대통령	분리
우리의	예술
세븐	흔들었다
포도	자동
박물관	스트림
포인트	버스를
고드름	정부
고기	재킷

Puzzle 8

퓨	쌀	이	짓	리	용	공	솔	에	찍	터	쌀	문	동	문
너	트	한	탐	견	북	루	장	적	맞	찍	짓	문	운	레
를	어	트	색	한	트	받	쌀	문	동	람	에	시	전	화
리	트	카	루	거	질	스	람	생	절	달	형	퀀	자	이
문	을	고	퓨	측	카	을	낌	존	쌀	레	능	스	다	션
말	한	다	질	쌀	스	동	이	에	발	문	지	은	용	용
쌀	낌	스	추	운	솔	문	슬	제	리	짓	이	구	풍	측
셀	맞	절	질	로	저	거	풍	트	감	동	을	운	물	트
로	집	자	주	카	녁	영	충	굽	운	감	느	러	한	문
법	찍	주	주	나	동	젊	감	분	주	운	문	스	물	카
제	고	래	너	리	발	질	측	주	한	과	긴	급	상	황
다	주	춤	카	아	호	감	이	은	기	일	발	고	한	다
말	를	부	용	풍	흡	의	을	견	을	의	느	바	을	굴
바	트	맞	트	을	셀	를	느	대	셀	받	카	크	트	자

탐색	과일의
말한다	시퀀스
전화	감동을
지구	감동
생존	고래
긴급 상황	호흡
카나리아	충분한
영감 주기	지능형
너트	저녁
고급스러운	이슬

Puzzle 9

```
바 은 너 이 비 자 터 전 도 굽 한 다 도 너 게
단 한 풍 굽 오 너 위 속 화 요 일 을 들 발 시
하 결 수 영 는 노 끔 력 굴 측 컴 퓨 을 의 물
나 들 잎 뭇 나 끔 끔 으 로 부 단 위 치 를 굴
을 알 바 이 떠 쌀 반 로 주 필 락 노 표 위 낌
짓 고 필 늘 득 불 구 하 고 집 주 노 부 용 주
용 되 트 고 대 돌 용 끔 퓨 굴 제 달 적 컴 돌
동 는 추 문 러 찍 요 로 동 리 노 적 질 비 율
한 젊 다 바 은 견 거 퓨 루 도 다 은 굴 로 동
퓨 에 들 쌀 말 셀 다 쌀 개 결 쌀 쌀 측 고 부
코 법 한 질 표 러 로 로 선 컴 대 이 한 셀 을
스 도 대 바 받 백 조 문 바 은 루 컴 이 말 고
로 퓨 젊 루 을 감 굽 셀 너 한 공 발 다 느 적
올 젊 바 풍 초 등 학 교 올 트 느 바 춤 느 적
```

게시물
불구하고
초등학교
알고되는
수영
나뭇잎
단락
화요일
백조
개선

등반
전속력으로
위치를
비율
단 하나
이득
코스
떠나는
비오는
자위

Puzzle 10

고	로	부	물	에	한	레	자	동	다	절	제	퓨	용	쌀
낌	의	돌	퓨	다	프	공	이	운	돌	풍	보	호	적	위
에	을	거	을	체	루	리	필	가	축	대	북	북	은	자
느	동	바	느	달	문	터	지	굴	원	바	시	금	치	한
날	만	도	부	늘	솔	지	이	아	형	굽	결	올	물	문
올	들	대	노	자	션	문	전	터	을	셔	러	퓨	을	크
달	어	운	트	자	노	질	손	물	론	츠	부	쌀	범	은
달	도	벨	들	연	받	너	잡	동	사	북	이	을	필	돌
요	제	트	고	도	결	쌀	이	레	솔	느	도	위	이	느
쌀	제	터	한	른	굽	이	찍	마	자	견	동	한	파	물
연	재	능	내	일	운	집	로	위	험	하	게	폐	기	견
속	트	범	표	질	한	감	트	너	용	끔	바	결	합	를
을	한	의	달	에	느	문	어	적	사	크	트	다	적	은
노	을	을	자	제	용	견	쌍	생	각	한	너	동	트	은

원형을
만들어
셔츠
쌍생각
마이너
시금치
물론
프리지아
재능내일
손잡이

돌풍
가축
고른
벨트
위험하게
보호
연속
결합
자연도
폐기물

Puzzle 11

부	한	끔	도	측	숫	사	용	하	는	표	충	측	동	느
굽	거	로	운	주	돌	발	범	감	루	쌀	분	행	운	대
조	스	돌	어	쌀	느	질	공	노	리	을	히	주	까	받
직	주	변	의	션	질	어	함	바	션	너	성	루	가	에
고	레	레	춤	견	고	장	도	께	끔	측	낌	가	동	찍
믹	스	루	제	퓨	사	너	은	찍	측	체	파	동	시	를
대	피	질	솔	받	스	바	을	을	메	이	크	업	끔	게
피	곤	느	션	주	자	문	장	망	부	로	젊	발	질	무
를	에	바	측	굽	풍	이	솔	을	원	솔	을	을	바	한
춤	매	한	카	파	들	추	을	문	문	경	느	젊	운	도
질	력	쌀	거	스	표	질	을	동	션	문	컴	젊	동	솔
주	적	측	퓨	닙	전	물	리	을	다	굽	집	트	은	용
발	인	문	부	느	문	감	정	적	리	자	리	수	송	레
한	필	은	감	맞	전	다	감	크	레	절	느	자	로	한

조직	함께
주변의	가동
숫돌	파스닙
수리	가까운
수송	성가 시게
무게를	메이크업
망원경	충분히
피곤	매력적인
대피	사용하는
믹스	감정적

Puzzle 12

필	전	보	을	동	찍	주	어	떤	문	단	질	절	문	체
날	필	이	인	을	크	쌀	퓨	젊	레	순	발	달	를	바
추	로	풍	요	다	자	문	은	용	늘	한	손	겸	한	를
셀	도	아	니	다	행	어	크	이	루	스	겸	인	식	에
루	누	구	나	한	자	에	다	함	해	설	바	집	결	노
대	주	풍	측	도	범	도	로	낌	을	달	맞	카	제	찍
굵	게	범	날	문	발	바	거	용	결	들	한	쌀	필	측
은	표	용	도	물	도	질	장	꿈	동	로	받	문	바	로
례	루	장	법	찍	행	용	이	적	람	필	문	바	추	짓
무	달	상	호	작	용	넷	째	받	문	파	선	받	레	표
표	당	선	특	터	을	돌	을	퓨	제	측	글	람	자	자
느	맞	벌	을	정	계	짓	셀	을	문	도	라	풍	쌀	추
이	행	람	레	늘	맞	도	마	뱀	미	래	스	을	리	춤
쌀	바	체	찍	도	낌	크	달	북	크	카	느	춤	로	감

선글라스 계정을
도마뱀 해설
보인다 겸손한
인식에 어떤
상호 작용 겸손
넷째 굵게
특정 용이함
무례 무당 벌레
도 아니다 단순힌
미래 누구나

Puzzle 13

고	주	굽	장	늘	찍	장	고	춤	카	짓	자	들	컴	부
느	퓨	운	도	솔	동	에	퓨	운	에	날	크	찍	트	파
법	말	노	부	돌	견	한	느	견	문	아	제	용	을	들
제	자	한	바	를	맞	을	동	올	적	이	리	짓	발	바
친	욕	쌀	위	말	다	럽	스	랑	자	들	어	추	어	동
절	구	관	올	동	주	문	집	바	원	은	노	피	곤	한
한	를	리	굴	어	돌	돌	터	솔	이	춤	법	계	젊	날
부	을	자	사	문	소	권	한	솔	판	이	다	루	다	한
대	집	가	느	굽	람	방	협	의	회	사	비	용	도	터
발	들	카	사	추	굽	자	관	늘	을	조	퓨	체	은	찍
필	한	굽	찍	터	느	솔	러	결	주	브	바	낌	어	에
한	크	운	받	달	람	러	표	대	크	레	라	양	상	추
찍	다	러	거	의	사	감	제	목	추	로	레	운	짓	트
반	대	전	다	한	냥	바	추	풍	셀	어	은	문	에	돌

사냥	자랑 스럽다
조사	협의회
소방관	거의
욕구를	친절한
아이들은	계피
피곤한	양상추
판사	비용
관리자가	권한
브라운	제목
반대	자원이

Puzzle 14

동	문	맞	쌀	문	동	신	사	은	다	짓	낌	낌	운	은
춤	말	물	트	까	행	주	발	간	운	한	한	문	추	낌
결	주	돌	사	지	를	바	대	소	한	것	연	구	표	날
젊	셀	풍	욕	망	을	다	맞	화	받	입	퓨	도	굽	거
맞	바	을	동	터	견	새	경	향	물	니	하	락	을	자
문	로	정	발	질	필	를	로	기	다	다	견	문	바	느
느	은	애	레	바	바	바	대	록	굴	운	퓨	운	꼼	문
가	솔	린	생	학	은	문	컴	운	거	카	한	문	상	찍
풍	위	이	퓨	은	느	자	을	동	낮	솔	다	행	승	바
달	쌀	주	트	굽	사	진	의	을	음	미	션	컴	발	요
달	한	용	바	절	맞	이	동	카	맙	체	집	한	이	위
받	문	결	은	맞	한	을	은	게	다	너	의	한	한	표
다	굽	달	법	러	집	쌀	도	을	러	끼	스	집	날	을
적	파	로	무	게	날	법	문	측	집	낌	공	셀	달	

간소화
상승
사진
낮음
신발
무게
돌풍을
생물학
미션
연구

고맙게도
욕망을
경향
새로운
기록
가솔린
하락을
것입니다
까지
애정을

Puzzle 15

```
건 위 춤 달 은 주 을 동 용 감 이 고 동 두 을
루 강 너 한 로 체 문 쪽 카 공 쌀 레 추 려 달
물 주 늘 장 느 적 어 감 요 제 들 끔 돌 워 을
은 다 한 위 은 전 의 무 한 느 고 위 션 굴 솔
도 은 은 바 전 도 다 운 적 자 어 을 사 표 말
로 젊 을 돌 측 고 솔 북 립 감 트 크 받 느 너
노 문 부 측 날 낌 어 추 바 의 학 받 가 너 낌
느 을 트 장 기 션 동 질 이 장 를 요 객 부 전
요 거 한 한 이 억 공 운 발 카 을 맞 주 체 픈
손 바 궁 카 동 찍 급 대 을 부 위 어 배 고 끼
실 바 체 금 용 을 제 을 찍 굽 험 오 리 새 질
교 수 적 의 해 부 졸 을 크 다 은 풍 풍 굴 바
용 루 작 업 문 트 린 용 트 집 느 한 도 달 충
늘 들 말 체 동 고 부 이 사 랑 하 는 하 성 충
```

졸린	객체
사용 가능	교수
손실	충성하는
배고픈	기억
궁금해	의무
사랑하는	위험
오리 새끼	작업
건강	두려워
동쪽	적립
공급	의학

Puzzle 16

너	션	천	카	용	파	은	바	찍	느	브	장	당	추	끔
올	바	막	션	동	법	고	고	전	다	러	로	신	공	을
제	저	이	끔	감	동	부	션	송	낌	시	측	에	컴	용
람	장	도	트	초	원	를	쌀	동	퓨	제	동	표	이	트
루	소	바	등	끔	동	어	거	도	바	법	을	맞	날	동
비	거	쌀	장	체	동	루	의	늘	동	동	바	물	어	도
행	파	정	쌀	한	느	을	리	견	흥	컴	더	블	찍	동
을	들	확	운	거	거	노	위	도	미	굽	이	제	전	레
굽	부	한	부	범	트	끔	좁	쌀	로	다	여	말	복	용
표	바	받	문	찍	제	자	느	은	운	낌	우	위	절	를
용	고	을	제	끔	느	노	견	문	쌀	쌀	을	동	동	이
자	정	치	바	젊	카	에	이	풍	거	인	추	트	발	대
노	력	동	짓	범	거	북	위	동	트	성	치	한	자	부
솔	도	부	터	달	한	동	너	실	험	유	공	젊	바	제

정치	초원
흥미로운	복용
좁은	등장
성공	저장소
노력	공유
당신	여우
실험	비행
브러시	정확한
더블	인치
천막	전송

Puzzle 17

달	춤	은	절	대	가	터	도	필	공	동	올	자	쌀	바
배	울	된	다	절	트	위	짓	루	적	퓨	바	꼼	요	터
트	한	체	동	들	감	자	발	주	말	루	른	찍	스	킬
짓	자	크	제	올	사	체	션	주	도	운	발	한	도	에
다	의	맞	에	크	집	건	시	연	운	풍	용	마	달	션
제	어	발	코	니	퓨	집	자	느	발	전	북	커	적	동
필	질	이	그	돌	에	올	짓	노	동	충	체	자	람	을
부	자	절	늘	도	감	법	제	바	흥	돌	를	을	올	발
필	문	도	퓨	자	나	방	굴	은	분	의	촛	한	발	퓨
동	주	을	운	션	셀	위	날	동	하	짓	불	트	터	을
추	크	을	위	느	동	자	신	감	는	견	솔	이	에	션
패	늘	들	사	발	질	사	들	질	트	문	굴	올	도	말
법	스	셀	부	감	한	발	젊	이	스	제	필	을	레	달
한	두	꺼	비	감	포	함	하	는	들	주	에	날	한	바

사건	끔찍한
나방	촛불
배울된다	가위
마커	충돌
패스	공적
포함하는	그늘
시연	흥분하는
스킬	두꺼비
올바른	절대
자신감	발코니

Puzzle 18

휘	솔	한	평	원	자	그	루	체	개	자	의	제	파	올
문	발	체	너	느	올	카	리	로	최	느	자	집	를	터
절	바	유	춤	물	발	감	로	기	되	표	북	터	을	자
웃	풍	풍	이	웃	체	주	루	추	었	전	발	을	자	날
음	받	전	제	레	스	토	랑	퓨	다	자	을	느	느	부
도	셀	범	로	얄	리	성	공	을	크	도	한	집	을	위
공	이	한	한	한	법	문	물	을	이	자	올	필	트	필
느	로	젊	행	한	족	포	함	하	여	퓨	쌀	크	한	공
고	려	스	질	을	부	제	주	이	들	늘	신	뢰	문	도
터	스	견	용	행	필	절	비	퓨	짓	솔	의	질	주	적
너	한	생	한	동	쌀	한	문	햄	을	파	용	올	을	스
가	장	일	들	터	어	질	페	니	버	받	열	대	컴	케
낌	집	바	를	물	을	에	들	거	부	거	번	루	레	이
야	망	로	한	발	들	주	부	북	동	트	째	로	문	팅

개최되었다	야망
로얄	고려
생일	족제비햄버거
포함하여	스케이팅
그리기	웃음
열 번째	이들
신뢰	이웃
페니	성공을
평원	레스토랑
가장	휘발유

Puzzle 19

필	결	한	문	각	거	부	절	풍	병	형	젊	집	물	감
전	문	바	다	각	문	공	추	잠	개	원	받	은	용	을
고	질	을	의	대	를	을	고	자	로	혁	트	솔	루	굴
짓	바	낌	거	이	발	에	질	리	주	친	구	오	을	물
숨	기	기	를	발	음	다	레	터	해	안	한	프	한	꼼
을	주	을	때	셀	짓	동	필	장	절	이	낌	너	컴	질
은	참	파	문	도	랑	요	원	도	우	러	동	측	자	고
은	비	터	에	동	요	주	한	한	너	젊	이	주	솔	필
을	나	퓨	동	위	감	소	거	카	한	을	범	꼼	다	결
동	절	돌	들	찍	어	바	쌀	꼼	운	용	느	러	트	절
스	트	그	솔	날	받	쌀	결	노	도	장	말	행	표	물
바	거	들	적	방	쌀	동	위	제	바	느	구	사	감	바
자	이	의	이	어	추	찍	문	받	은	은	어	함	굴	도
북	한	표	노	터	짓	질	꼼	컴	제	위	쌀	이	바	추

때문에
주소
주요
나비
잠자리
오프너
비참주기
도랑
각각
발음

방어
해안
병원
친구
개혁
윈도우
숨기기를
그들의
구함
원형

Puzzle 20

발	게	파	을	적	문	졸	필	굽	다	다	바	크	문	한
다	으	야	생	셀	늘	업	제	동	요	공	에	퓨	달	용
전	른	주	러	러	동	생	를	질	물	크	체	용	운	바
략	질	람	트	리	북	을	올	에	부	바	어	머	니	짓
노	발	견	집	미	파	노	지	주	문	느	드	유	감	터
어	쌀	용	적	집	국	리	뷰	개	절	질	래	퓨	연	한
행	퓨	발	법	로	발	사	질	주	너	용	곤	사	은	한
에	한	요	거	의	바	법	람	트	문	날	질	주	쌀	추
컨	퍼	런	스	용	쌀	다	칵	테	일	요	바	끔	발	람
범	사	법	감	공	문	공	동	안	다	풍	퓨	의	오	동
공	체	굴	문	노	절	달	표	믿	으	십	시	오	운	쌀
람	을	풍	절	터	로	말	주	물	느	춤	짓	은	표	체
너	주	짓	법	자	맞	로	대	물	고	기	높	은	너	로
맞	절	요	느	한	파	날	바	공	를	의	트	트	에	한

금요일	물고기
칵테일	동안
리뷰	게으른
졸업생	야생
높은	부문
유연한	컨퍼런스
믿으십시오	드래곤
어머니	무지개
셀러리	미국 사람
바느질	전략

Puzzle 21

문	짓	낌	들	주	물	중	트	맞	동	바	맞	공	물	트
도	로	가	장	전	추	간	발	견	한	리	추	의	문	질
드	레	이	크	자	션	질	부	장	의	다	동	다	퓨	트
느	들	찍	바	한	굴	질	동	문	절	견	도	거	표	이
용	로	측	낌	물	을	트	은	크	위	레	측	춤	이	제
돌	굴	부	도	체	스	케	이	트	시	계	오	션	모	두
고	표	달	굴	질	체	거	트	허	가	트	기	모	용	용
동	의	에	에	추	달	낌	측	가	사	추	러	린	부	부
늘	늘	분	락	자	도	동	맞	위	은	동	찍	자	전	전
올	들	루	수	수	적	장	용	보	고	서	를	을	바	바
션	바	필	결	용	건	집	어	운	쌀	용	측	한	찍	찍
한	색	상	은	절	바	트	달	셀	범	질	도	북	이	이
어	회	카	날	주	느	검	대	파	이	셀	셀	외	거	너
요	적	트	도	로	션	사	감	티	있	다	위	관	체	카

보고서	분수
중간	외관
수건	회색
수락	오션
시계	스케이트
모두	드레이크
파티	기린
주전자	도로가
허가	색상은
검사	있다

Puzzle 22

돌	은	녹	색	을	의	동	바	제	필	장	에	문	예	카
대	장	이	편	안	함	앞	서	한	문	셀	끔	동	정	문
부	컴	야	전	도	의	언	부	위	은	체	문	이	하	적
사	굽	기	한	끔	로	덕	여	왕	도	예	쁜	콤	십	공
부	카	전	이	물	거	측	절	문	고	거	달	팩	시	에
간	호	사	운	에	문	범	짓	위	스	집	이	트	오	다
발	로	동	감	들	범	죄	돌	파	은	트	젊	을	퓨	체
트	견	주	엄	느	느	는	받	질	도	추	공	람	풍	션
이	문	의	마	말	트	발	동	집	삼	올	돌	중	자	트
풍	들	늘	가	표	결	한	용	도	리	촌	보	력	위	측
속	용	체	도	루	카	춤	자	주	고	이	을	유	동	대
성	스	파	클	부	호	부	말	적	낌	파	적	추	하	북
크	의	쌀	발	동	측	텔	노	적	크	제	공	들	터	고
도	로	부	적	션	파	북	절	자	쌀	을	이	대	필	한

스파클	고도
중력	언덕
삼촌을	앞서
속성	여왕도
공적을	예쁜
이야기	호텔
녹색을	예정하십시오
간호사	콤팩트
편안함	보유하고
엄마가	범죄는

Puzzle 23

```
스 스 을 람 문 측 단 사 적 질 결 문 을 로 고
제 웨 결 루 찍 질 문 계 에 업 북 북 의 주 을
추 느 터 위 다 바 로 발 가 데 짓 표 화 상 발
따 이 문 범 발 렌 타 인 용 이 부 문 바 동 한
르 주 문 터 질 어 에 측 크 트 감 소 을 은 발
십 자 스 부 솔 젊 도 은 할 아 버 지 는 느 아
시 거 자 크 오 토 바 이 메 시 지 를 주 의 빠
요 부 공 국 잃 다 이 을 문 올 느 어 동 질 까
달 찍 식 쌀 가 한 측 올 동 알 터 레 돌 너 지
부 자 어 터 트 동 삼 적 문 고 굴 레 필 바 의
틱 리 솔 쌀 에 을 각 크 쌀 피 해 자 의 돌 발
스 케 이 트 타 기 형 다 늘 돌 한 동 은 부 측
라 감 법 한 로 풍 위 질 전 체 쌀 추 트 늘 의
플 범 동 한 용 집 굴 집 장 다 은 늘 러 문 도
```

오토바이	거부
삼각형	국가
발렌타인	공식
단계가	화상
스케이트 타기	플라스틱
따르십시요	아빠까지
업데이트	메시지를주의
알고	잃다
스웨터	할아버지는
감소	피해자의

Puzzle 24

분 홍 색 측 굽 비 주 애 셀 부 를 동 달 공 올
부 고 을 맞 들 동 누 들 올 퓨 어 감 을 션 은
대 말 로 쌀 늘 카 자 아 은 늘 절 적 결 한 바
감 체 자 파 굴 집 물 춤 의 바 용 을 느 범 발
결 레 문 노 행 트 너 동 성 을 불 바 늘 굽 용
법 레 터 질 한 러 셀 측 을 인 안 잊 어 버 려
말 동 숲 바 늘 을 스 루 필 람 정 동 행 트 트
했 북 침 가 다 법 에 제 고 을 범 집 중 로 를
다 대 대 용 락 의 토 끼 를 했 다 부 는 유 받
공 부 셀 자 컴 날 법 을 이 짓 문 젊 오 채 노
트 발 지 말 로 돌 견 너 아 허 수 아 비 과 측
한 이 우 질 집 발 한 늘 도 트 운 레 필 야 트
내 용 개 저 렴 법 쌀 고 리 호 크 체 채 로
집 껌 요 자 추 문 공 바 로 체 풍 바 한 의 파

지우개	토끼를했다
말했다	허수아비
분홍색	아이를
불안정	대부분
비오는 중	유채과야채의
내용	잊어 버려
성인	침대
트리	비누
숟가락	호크
얘들 아	저렴

Puzzle 25

촬	터	솔	람	발	견	말	공	격	적	동	자	표	용	표
영	산	주	컴	행	도	표	돌	그	굽	계	굴	션	표	용
짓	굽	책	크	끔	터	너	발	에	물	획	집	절	운	감
전	쟁	을	과	바	느	게	견	로	낌	맞	너	의	바	올
을	이	부	긍	트	한	를	짓	사	을	돌	굴	풍	바	문
를	맞	한	정	은	다	너	한	측	의	집	짓	필	찍	부
한	아	래	적	절	했	집	은	용	트	견	집	공	동	대
동	발	한	인	필	분	하	나	범	터	바	크	결	람	표
자	러	받	노	무	흥	주	깨	젊	들	문	를	동	느	동
한	선	체	인	로	시	용	한	자	일	결	동	측	리	을
컴	를	크	치	을	러	솔	주	진	회	굽	상	표	거	발
동	절	너	를	노	집	거	쌀	복	용	위	점	면	질	말
춤	주	은	받	동	문	동	결	도	부	리	션	질	자	짓
거	절	끔	레	법	제	질	용	끔	은	스	북	자	문	도

상점	아래
무시	촬영
표면	그에게
발견	산책과
인치를	계획
하나	긍정적 인
한다	흥분했다
복도	전쟁을
일회용	깨진
체크	공격적

Puzzle 26

느	동	추	적	루	람	감	한	은	션	트	스	연	쌀	스
결	견	한	굽	돌	동	자	용	운	컴	발	결	을	측	고
동	들	트	위	노	짓	작	동	스	문	터	거	콜	고	카
트	트	리	고	고	한	성	이	워	라	플	리	라	션	요
체	문	션	동	요	견	들	자	한	자	돌	적	라	이	발
공	젊	문	을	늘	전	요	사	저	동	들	이	션	전	장
로	대	자	적	보	크	표	발	장	지	장	선	솔	동	은
표	기	측	문	을	이	주	의	돌	원	용	봉	사	부	발
노	했	크	짓	끔	체	는	쌀	파	결	할	결	트	를	카
조	각	트	주	름	필	누	군	가	도	아	관	리	느	발
장	생	용	춤	도	닫	한	체	제	동	버	이	집	을	카
맞	끔	부	어	측	기	초	맞	발	추	지	스	찍	람	발
방	대	상	처	집	용	상	한	트	쌀	풍	춤	쌀	자	리
질	바	동	션	끔	을	화	트	스	파	동	노	트	자	감

주름	봉사
상처	연결
보이는	할아버지
지원	생각했기
작성자	플라이
닫기	초상화
용어집	누군가
성숙한	조각
콜리플라워	상대방
관리를	저장

Puzzle 27

아	주	션	느	장	다	공	말	한	션	용	초	거	리	솔
젊	름	용	자	발	종	지	언	어	굽	람	대	주	오	후
거	추	다	용	에	교	사	비	타	민	은	장	트	결	발
문	로	돌	운	션	짓	항	사	라	짐	로	리	풍	릭	트
션	한	측	받	마	을	자	러	션	자	셀	올	에	절	위
이	화	카	운	로	다	부	자	바	돌	크	결	한	절	결
전	려	카	끔	부	스	찍	도	문	진	적	바	동	너	동
한	한	문	집	북	에	발	문	탈	은	흙	스	동	문	찍
발	리	사	북	바	법	에	바	출	컴	제	굽	쌀	자	절
을	부	분	낌	고	다	질	견	다	날	솔	셀	범	나	인
늘	이	용	크	로	질	느	문	추	절	맞	컴	행	용	너
션	돌	대	위	을	문	도	부	달	바	한	로	쌀	주	듣
상	처	를	에	전	통	적	인	한	감	바	추	올	동	고
수	영	장	풍	체	이	돌	표	질	낌	다	한	로	루	절

탈출	듣고
상처를	거리
초대장	부분
전통적인	화려한
아름다운마다	언어
나인	비타민은
트릭	오후
사라짐	공지사항
진흙	이전
수영장	종교

Puzzle 28

필	의	강	부	공	대	카	달	이	퓨	거	낌	범	카	문
축	구	조	트	표	안	노	리	운	들	은	크	용	문	북
어	문	이	들	낌	컴	충	굴	엄	대	추	날	부	풍	루
고	은	고	에	필	장	격	에	청	장	냄	위	풍	느	루
요	제	통	한	점	소	동	이	난	이	필	새	올	러	늘
아	마	스	을	화	한	굽	로	범	물	셀	부	집	주	쌀
장	절	럽	자	시	컴	레	질	체	이	위	트	보	장	질
쌀	동	게	로	켜	방	해	어	을	너	감	세	기	필	이
금	은	카	굽	어	측	컴	용	퓨	에	다	문	적	사	바
견	입	동	절	도	도	위	용	용	감	바	추	받	적	동
집	제	구	콘	도	르	표	확	인	이	체	솔	적	어	쌀
루	감	달	쌀	느	다	올	달	형	식	으	로	람	결	춤
감	확	문	운	질	러	바	은	범	공	돌	법	짓	필	퓨
물	한	장	젊	대	돌	바	문	스	쌀	동	끔	들	트	젊

세기	방해
금입구	강조
냄새	공식이
점화시켜	보장
형식으로	필사적
고통스럽게	확인
대안	확장
축구	콘도르
충격	엄청난
아마	장소

Puzzle 29

견	주	이	결	맞	제	발	경	증	전	들	적	로	동	용
부	션	북	너	또	컴	솔	력	가	레	를	장	춤	종	발
동	활	외	야	다	요	날	동	를	퓨	박	탈	이	필	이
의	사	고	문	른	법	이	카	동	솔	용	굴	요	용	용
주	녀	추	모	방	리	도	젊	솔	필	한	하	초	인	맞
뛰	어	그	다	고	문	질	이	젊	한	말	늘	점	정	은
발	요	한	질	대	장	위	찍	대	절	늘	의	은	했	레
들	솔	공	한	적	레	닥	노	로	컴	노	을	측	다	고
시	늘	춤	절	젊	사	견	느	사	한	한	은	발	끔	동
다	제	문	한	스	장	터	동	한	제	제	측	기	에	문
운	셀	문	절	추	전	표	클	늘	동	을	서	랍	고	행
한	이	감	북	전	부	문	눈	래	물	한	을	솔	지	주
장	범	필	한	법	퓨	한	스	올	찍	제	측	동	상	느
필	질	고	부	문	한	표	셀	감	도	동	견	지	상	

종이
서랍
지상
하늘의
눈물
그녀의
모방
인정했다
증가를
시제

닥터
클래스
동의
박탈
초점
경력
기능
뛰어
야외 활동
또 다른

Puzzle 30

행	의	부	로	발	도	레	몬	스	터	짓	속	임	수	낌
로	솔	결	끄	을	움	크	러	세	웅	트	절	을	리	장
감	문	용	느	이	동	람	액	복	장	식	물	한	늘
굴	발	문	을	절	워	날	말	얼	잡	법	한	대	한	을
람	트	물	장	러	끔	위	굴	굴	한	용	운	늘	운	로
도	발	대	셀	문	범	집	파	다	을	질	전	체	운	쌀
도	한	도	발	의	을	자	트	쌀	러	운	바	컴	로	다
오	늘	밤	굽	고	도	의	우	를	을	카	측	피	낌	자
터	동	을	쌀	집	젊	사	려	먹	의	받	풍	선	자	돌
루	노	부	루	퓨	도	지	의	기	제	동	추	을	풍	의
사	용	요	을	의	결	루	정	바	다	을	장	돌	자	전
조	상	위	북	늘	과	날	자	부	굴	트	이	로	한	퓨
솔	질	바	발	문	추	을	용	러	발	젊	트	에	거	로
올	쌀	도	다	한	도	필	사	어	부	맞	쌀	사	맞	북

조상	오늘 밤
사용	풍선
액세스	속임수
몬스터	고도의
지루	결과
웅장한	피자
먹기	얼굴
식물	도움이
부끄러워	사용자 정의
복잡한	우려의

Puzzle 31

```
농 문 맞 말 범 주 에 생 레 문 소 요 을 측 견
부 로 컬 퓨 괭 유 형 각 모 너 심 늘 동 퓨 자
운 말 북 위 기 이 속 질 네 끔 한 운 제 트 적
절 행 공 쌀 북 풍 리 주 이 자 날 날 거 체 필
터 낌 물 질 주 용 을 고 주 돌 한 수 셀 로 레
트 제 받 표 컴 한 은 법 드 위 부 돌 찍 다 주
질 트 한 준 퓨 짓 춤 물 카 은 한 렌 늘 물 날
동 춤 결 감 결 다 바 퓨 기 발 전 물 여 전 을
은 자 결 솔 추 결 전 올 동 요 트 여 도 이 도
결 짓 결 컴 주 요 카 필 오 도 우 참 문 을 맞
결 측 정 범 한 도 가 스 소 셀 로 람 이 레 람
짓 말 말 용 제 도 북 문 셀 날 월 굽 달 사 풍
트 젊 행 표 발 젊 맞 바 트 의 자 물 도 바 장
           감 스 공 필 너 용 굽 바 주 바
```

생각   괭이
렌트   소스가
로컬   레모네이드
수면   기여
농부   제거
월로우   의자
속이기   유형
도로   오소리
표준   정말
참여   소심한

Puzzle 32

```
책 장 동 범 람 올 동 바 자 체 터 돌 대 노 늘
유 체 도 가 로 질 러 데 이 터 필 십 진 수 측
돌 카 바 발 전 공 이 리 션 주 트 굽 젊 반 은
동 집 주 다 동 필 수 적 인 에 게 할 당 응 달
들 한 한 스 만 에 적 문 느 전 혼 한 달 도 날
문 쌀 장 부 드 한 늘 도 자 자 대 빛 나 는 션
범 한 증 받 는 날 대 집 운 한 용 바 학 카 멸
돌 은 기 장 느 북 에 표 젊 문 카 동 커 올 색
사 다 법 셀 들 대 춤 도 바 자 트 올 플 측 부
대 출 에 올 질 크 껌 한 짓 용 동 측 맞 흰 주
행 트 올 한 선 러 어 도 트 올 개 맞 장 용 물
안 락 한 부 방 날 루 한 맞 문 올 추 문 장 적
퓨 찍 거 고 자 지 자 법 춤 물 추 필 러 문 집
로 용 젊 을 바 컴 문 굽 로 전 이 카 동 적 집
```

만드는	방지
증기	대출에
필수적인에게	안락한
멸망	빛나는
물개	가로 질러
대학	혼자
책장	흰색
할당	커플
데이터	유체
반응	십진수

Puzzle 33

```
퓨 용 도 끔 날 식 질 받 측 감 스 동 측 노 스
방 문 고 용 온 사 람 레 용 로 파 받 행 꿀 벌
집 술 견 은 져 찍 완 짓 너 끔 동 행 행 을 굴
동 기 부 여 가 굴 전 제 주 제 발 늘 들 결 느
맞 동 한 결 이 크 히 사 사 발 로 동 강 기 름
용 을 사 동 자 랑 스 사 석 좌 질 바 에 철 리
션 꿈 굴 감 를 을 들 럽 한 석 한 도 꿈 추 이
범 한 은 요 견 달 크 한 행 한 운 범 행 용 은
받 도 트 쌀 도 팽 처 러 바 맞 다 집 셀 주 짓
연 법 드 문 션 이 남 벌 고 이 맞 다 견 한 견
사 필 디 물 늘 사 아 너 부 의 절 절 보 부 너
올 문 어 한 한 적 디 젊 로 마 위 한 물 집 어
을 한 다 추 대 견 플 로 컴 머 로 자 굴 어 바
집 물 달 문 거 자 주 트 감 받 카 받 을 바
```

달팽이	보물
꿀벌	드디어
좌석	자랑스럽게
사이	강철
남아	가져온
디플로마	동기부여가
완전히	연필
식사	기름
처벌	기술
방문	머그잔

Puzzle 34

러	이	부	쌀	젊	받	행	발	적	트	무	하	필	컴	을
풍	동	모	셀	모	맞	고	문	한	루	의	이	문	표	맞	질
받	주	자	을	대	든	동	동	문	로	미	라	컴	을	질	람
춤	주	받	날	트	노	것	자	셀	바	을	이	거	질	부	부
발	노	을	흰	족	제	비	늘	젊	다	의	트	바	로	도	에
표	사	슬	범	견	거	을	행	로	범	용	을	로	로	한	제
다	을	리	문	젊	자	고	트	느	셀	끔	주	로	레	고
을	집	끔	을	찍	에	자	법	절	바	전	측	트	퓨	도
노	맞	을	굴	풍	낌	은	자	포	켓	약	관	부	다	열
주	느	자	바	솔	달	람	춤	질	어	의	다	한	다	쇠
자	동	요	감	장	카	쌀	셀	터	동	부	동	견	퓨	을
다	바	서	돌	카	짧	인	상	자	대	말	정	물	건	쇠
로	양	부	파	펫	리	은	을	용	홍	수	의	판	추	질
결	을	한	밀	엄	받	은	로	북	굴	춤	동	출	구	집

정의 추구
사슬 약관
서부 무의미
출판물 하이라이트
짧은 부모
모든 것 홍수
다양한 열쇠
흰 족제비 카펫
포켓 인상
물건을 엄밀한

Puzzle 35

카	문	도	공	자	들	응	레	구	동	부	의	받	션	트
감	트	리	로	측	셀	위	답	입	측	질	주	공	크	장
돌	법	전	이	카	테	고	리	하	고	트	코	다	람	쥐
용	한	바	자	은	을	어	느	쌀	십	스	문	거	질	전
필	이	너	트	부	명	백	한	끔	솔	시	부	늘	을	도
굽	을	을	한	어	동	동	법	묶	을	어	오	노	로	카
쌀	맞	한	짓	노	파	을	맞	여	터	다	시	의	이	받
불	행	용	바	어	전	레	적	도	보	로	십	이	루	트
견	카	트	한	이	미	지	골	동	품	바	하	굴	를	바
카	를	동	이	레	과	터	자	위	피	루	유	질	문	굽
너	활	맞	바	플	발	학	동	부	적	복	점	동	대	을
완	동	퓨	동	부	스	북	자	카	말	도	을	풍	고	람
전	굽	춤	측	말	트	적	돌	로	러	젊	끔	주	낌	위
한	명	유	지	우	기	표	문	운	을	한	문	은	트	쌀

지우기	점유하십시오
플레이어	활동
응답하십시오	골동품
이미지	구입
완전한	불행
도보로	명백한
묶여	카테고리
피복	유명한
다람쥐	코트
어시스트	과학자

Puzzle 36

```
에 다 레 북 어 람 절 이 무 의 거 람 올 동 문
은 루 낌 맞 깨 끔 다 자 스 굽 찍 끔 바 법 바
날 체 발 자 춤 동 지 늘 거 수 느 부 이 컴 전
을 돌 포 적 중 지 적 행 거 행 측 파 도 다 파
트 한 북 이 앙 네 문 트 행 으 행 셀 의 발 성
주 필 도 바 표 감 따 집 스 로 음 로 동 문 느
그 돌 부 들 바 위 라 바 모 선 굴 바 레 달 러
들 집 질 발 올 노 굽 터 니 언 풍 용 구 대 자
찍 동 추 색 상 은 한 행 터 끔 찍 찍 문 적 바
에 지 결 측 솔 제 노 동 가 휴 식 로 에 을
끔 레 을 솔 풍 사 발 주 표 혼 결 날 주
레 리 터 을 삼 람 동 다 스 람 셀 트
을 대 은 삼 찍 용 을 종 필 제 이 적
문 질 용 촌 표 찍 주 도 료 러 자 끔 람 주 을
```

종료	추측을
수행으로	체포
색상	어깨
중앙	따라
지네	없음
삼촌	구성
지리	그들
선언	휴식
명사	모니디가
무스	결혼식

Puzzle 37

한	테	이	블	태	문	말	주	제	질	바	아	위	타	셀
카	법	쌀	컴	양	전	달	발	절	질	로	이	제	운	동
끔	이	질	솔	동	젊	위	순	료	동	소	들	주	웨	춤
행	동	너	트	퓨	물	결	함	무	스	리	퓨	질	어	바
부	집	노	요	공	말	범	집	한	동	러	굽	용	풍	용
찍	다	용	범	들	씀	운	을	발	리	결	늘	절	감	동
다	을	거	낌	주	을	열	대	느	법	찍	카	한	운	문
공	치	말	람	사	바	주	동	트	짓	동	컴	용	풍	솔
젊	위	독	립	이	집	노	행	너	을	집	람	용	교	측
펀	드	경	주	동	장	너	발	채	위	컴	트	학	교	낌
용	샌	주	느	터	받	자	공	러	우	바	체	사	범	다
반	맞	부	은	주	파	솔	컴	터	짓	기	표	둥	쌀	동
복	법	한	퓨	굴	결	발	신	선	한	심	세	물	지	표
카	은	부	북	카	질	측	법	스	주	파	추	크	쌀	다

태양	반복
소리	샌드위치
말씀을	채우기
순무	테이블
타운웨어	동행
아이들	둥지
무료	열대
펀드경주	결함
독립	세심한
학교	신선한

Puzzle 38

필	크	도	표	자	춤	유	용	하	게	집	말	적	사	올
한	느	굽	도	솔	바	특	부	정	도	범	요	늘	이	늘
굽	절	용	제	집	셀	별	오	두	막	바	달	돌	의	장
찍	말	장	위	리	체	한	풍	자	필	을	파	용	자	다
용	낌	장	다	스	카	들	이	바	발	제	질	자	은	법
루	이	운	주	자	퓨	도	젊	에	예	이	이	대	퓨	풍
가	굴	전	햄	받	발	다	너	찍	레	술	트	부	트	말
밀	르	사	버	학	견	을	없	운	인	바	의	분	자	질
문	제	쳐	거	교	됨	고	이	늘	보	달	받	의	주	낌
한	파	동	절	를	적	은	셀	역	우	늘	문	의	견	의
루	동	부	발	쌀	이	끔	러	질	사	운	낌	법	말	를
주	셀	포	도	를	때	을	쌀	용	질	설	파	러	짓	발
요	쌀	한	자	늘	로	쌀	레	다	물	득	질	바	을	자
주	카	문	트	을	는	달	한	올	체	노	늘	날	행	법

포도를	역사
햄버거	없이
레인보우	특별한
설득	발견됨
사이의	의견
밀가루	대부분의
오두막	운전사
학교를	정도
때로는	가르처
예술의	유용하게

Puzzle 39

동	애	완	동	물	의	레	용	사	고	오	한	다	에	감
한	바	에	달	느	돌	동	운	라	제	류	문	위	행	용
한	변	경	의	동	문	제	행	졌	노	를	질	찍	문	돌
난	컴	도	찍	한	제	풍	춤	어	무	의	미	한	북	은
가	지	먼	고	미	안	이	동	요	이	요	사	에	의	장
쌀	능	올	맞	도	치	느	주	고	로	절	맞	춤	풍	질
들	느	성	바	션	레	는	동	스	다	한	바	레	제	위
문	결	표	이	결	디	리	컴	문	리	노	노	감	로	바
퓨	크	던	지	기	부	적	당	한	플	스	포	츠	문	바
동	찍	스	을	앉	질	의	대	용	트	래	복	구	면	를
견	을	장	주	사	집	레	솔	유	집	이	그	운	굴	고
레	너	은	을	레	한	동	로	부	문	원	정	대	다	거
어	발	레	북	은	문	용	위	돌	요	용	다	북	터	위
문	느	은	에	너	요	셀	거	질	트	션	적	돌	질	북

제안	변경
복구면	앉기
스포츠	부디
먼지가	플래그
애완동물의	무의미한
원정대	부적당한
미치는	가능성이
던지기	이동
유용한	가난한
사라 졌어요	오류를

Puzzle 40

다	전	스	감	을	트	주	스	따	올	한	춤	발	노	트
용	의	발	운	측	람	를	요	뜻	제	체	을	에	장	도
법	부	집	회	견	사	크	카	한	휴	대	은	한	한	느
서	리	카	사	동	자	라	거	부	요	찬	용	법	법	집
파	북	동	식	찍	동	운	동	체	어	장	부	솔	집	측
레	동	질	녁	바	공	파	다	장	받	공	문	표	너	동
달	쌀	느	저	노	장	람	올	노	레	정	선	호	은	은
자	문	섹	션	카	짓	결	체	말	낌	확	젊	트	은	짓
바	감	셀	질	도	질	레	집	오	요	로	확	람	장	트
로	동	범	요	문	크	달	콤	한	류	트	성	들	빨	한
에	맞	비	이	션	들	주	질	용	늘	운	들	빨	은
방	동	워	수	많	은	말	사	자	퓨	대	측	에	한	강
향	문	짐	질	동	을	쌀	트	행	절	춤	람	질	파	이
굽	주	을	짓	도	행	바	소	리	내	어	집	추	가	트

주스	저녁 식사
비워짐	추가
서리	달콤한
섹션	방향
따뜻한	오류
소리내어	빨강
선호	회사
휴대용	운동
크라운	정확성
찬장	수많은

Puzzle 41

```
구 버 스 트 제 올 주 걸 사 람 을 에 슈 레 우
색 고 젊 루 용 들 받 집 릴 무 트 도 러 을 결
금 지 제 로 바 느 귀 중 한 리 풍 이 스 부 추
맞 터 젊 크 요 에 적 달 리 말 일 도 필 컴 문
운 루 도 범 측 요 문 코 스 한 치 람 얼 카 음
한 문 말 부 짓 컴 거 이 뿔 끔 트 을 공 셀 고
문 운 질 노 짓 올 쌀 에 장 소 바 을 퓨 상 문
리 로 질 풍 을 에 요 문 맞 난 에 폭 상 측 이
동 리 바 받 에 레 주 한 증 체 스 력 자 수 자
운 이 요 바 에 대 하 여 명 놀 란 런 트 식 필
공 셀 바 동 트 컴 돌 용 한 말 바 동 터 자 표
터 전 공 로 집 이 적 다 질 터 발 트 을 용 발
다 용 을 션 끔 문 고 한 로 부 체 범 추 스 카
필 터 카 북 쌀 감 설 명 서 를 찍 행 주 카 퓨
```

버스트	폭력
상자	무리
설명서를	귀중한
증명	걸릴
코뿔소에	에 대하여
놀란	얼음
장난스런	부추
수식	구색
사람을	금지
슈레우	일치

Puzzle 42

여	트	사	동	전	레	북	발	풍	캥	거	루	하	필	물
행	거	날	용	부	필	집	동	끔	부	굽	카	지	적	전
춤	돌	질	이	느	이	성	한	바	대	물	대	않	동	무
맞	바	카	용	자	용	분	필	집	바	주	도	음	자	거
임	원	쌀	로	물	문	용	견	찾	아	오	시	는	길	운
은	블	감	용	바	어	측	을	거	받	카	카	문	굴	풍
올	부	록	족	발	부	레	문	은	제	드	오	터	짓	한
자	물	쇠	은	제	빨	간	색	파	젊	지	디	절	집	체
퓨	용	일	의	거	비	도	파	문	북	도	션	고	장	도
장	굴	굴	몰	문	풍	재	미	요	견	주	부	운	리	부
다	크	은	결	체	솔	로	용	결	선	위	절	달	문	카
귀	은	부	낌	부	발	행	동	자	전	로	무	기	도	러
여	은	거	요	법	요	주	북	퓨	주	이	쌀	발	컴	늘
운	용	대	한	낌	리	젤	주	루	체	용	자	공	위	문

찾아오시는 길	자물쇠
성분	블록은
캥거루	부대
무기	요리
빨간색	여행
카드지도	일몰
무거운	재미
족제비	임원
하지 않음	젤리
오디션	귀여운

Puzzle 43

달	집	컴	레	리	달	대	너	맞	복	구	북	날	끔	낌
녹	질	동	자	비	난	을	바	도	동	절	카	에	받	노
색	컴	로	바	날	한	부	부	사	동	필	한	스	풍	파
돌	로	자	내	동	범	요	고	통	한	맞	날	제	결	동
짓	문	한	부	은	공	끔	레	한	고	이	날	이	들	집
물	굽	의	닭	카	쌀	한	맞	고	을	견	트	끔	느	이
트	장	날	지	사	도	맞	드	점	검	을	장	범	주	한
안	법	을	않	고	문	도	필	너	은	젊	느	대	문	견
법	녕	동	은	심	래	관	동	쌀	느	카	거	동	추	용
부	바	하	양	지	친	전	심	카	자	바	컴	마	에	범
집	짓	을	세	모	스	람	트	보	오	리	무	사	고	고
한	쌀	러	을	요	로	을	범	기	다	바	무	행	단	위
도	동	측	부	돌	부	트	민	한	을	발	너	사	단	위
동	카	운	트	부	북	부	고	치	즈	을	느	리	단	위

안녕하세요
내부
지친
녹색
모래
피자를
민감한
단위
필드
복구

보기
양모
점검을
관심
닭지 않은
비난
고통
치즈
마무리오기
카운트

Puzzle 44

표	리	거	문	노	사	느	늘	트	부	정	에	받	터	범
범	바	역	필	란	거	막	한	부	에	면	의	터	부	행
맞	장	견	할	색	체	느	산	로	가	을	들	느	이	루
대	을	파	크	에	적	절	도	업	르	문	크	질	루	크
표	문	물	다	젊	느	북	대	수	칠	를	결	을	로	리
질	질	되	필	바	날	북	동	보	즌	트	도	동	질	공
고	솔	모	감	지	가	몇	유	지	시	켜	의	부	낌	당
건	조	두	을	기	보	어	물	유	부	끔	절	요	느	근
이	용	에	트	모	풍	쌀	춤	늘	절	감	도	덕	적	한
그	바	게	카	체	사	장	스	집	시	컴	자	풍	솔	너
리	저	자	낌	돌	제	낌	집	문	민	한	달	이	셀	적
고	다	공	셀	늘	문	한	위	들	솔	춤	레	견	끔	한
러	범	러	돌	트	찍	바	을	한	낌	바	카	행	레	거
용	카	위	셀	셀	대	쌀	문	노	쌀	발	쌀	달	다	고

몇 가지	유지시켜
노란색	가르 칠
그리고	바지
물어보기	되감기
모기	역할에
도덕적	건조
시민	사막산업
당근	모두에게
유지 보수	정면
시즌	저자

Puzzle 45

동	은	문	표	동	간	문	용	노	동	사	라	운	드	은
외	부	감	날	을	단	짓	을	능	감	용	감	로	질	부
범	보	도	낌	바	한	이	부	력	어	문	풍	외	환	을
동	이	샌	드	캐	슬	바	바	한	풍	측	이	파	은	에
한	지	뉴	말	장	법	한	다	달	팔	로	우	트	날	적
발	않	스	트	의	범	한	견	에	트	셀	션	한	발	대
바	는	들	쌀	부	현	재	범	젊	다	감	장	스	받	로
표	있	젊	를	바	리	파	컴	이	달	암	카	한	절	바
풍	기	리	돌	되	낌	동	주	느	한	달	탉	맞	받	질
체	인	돌	러	필	스	로	날	받	바	이	돌	스	적	가
제	리	말	의	동	즉	바	브	자	트	트	끔	적	리	족
한	노	어	을	바	시	람	수	신	한	발	을	람	젊	을
라	이	브	러	리	를	받	다	줍	발	주	범	거	한	에
물	요	느	위	두	번	째	이	발	음	러	문	굽	터	견

두 번째
외로운
즉시
질환은
간단한
능력
뉴스
라이브러리를
팔로우
인기있는

라운드
로브 신발
되돌리기
현재
암탉
수줍음
가족을
외부
보이지 않는
샌드캐슬

Puzzle 46

풍	권	달	젊	공	주	로	빠	쌀	터	범	흡	수	사	발
운	한	한	살	부	북	고	른	솔	표	트	트	견	다	본
을	동	노	부	쾡	질	세	추	스	카	프	러	달	리	기
구	법	전	달	여	이	척	퓨	바	느	를	받	체	에	초
가	비	준	느	을	너	다	날	람	굴	표	느	파	용	의
도	을	굴	루	문	젊	의	사	운	춤	체	올	사	을	솔
어	찍	바	위	를	공	주	발	한	발	동	사	노	문	바
용	셀	문	춤	측	춤	위	카	컴	도	터	법	전	사	다
질	전	북	람	문	도	람	을	솔	결	물	젊	크	러	쉬
사	시	트	들	적	고	루	추	크	집	끔	짓	측	젊	질
을	회	주	표	한	요	잠	히	기	늘	문	고	한	자	굽
측	스	대	들	법	발	금	트	다	터	추	퓨	로	솔	말
샴	푸	는	느	용	카	낌	동	돌	고	장	사	트	대	질
이	표	너	추	하	자	늘	느	너	레	용	말	측	한	트

러쉬	하자
세척	샴푸는
준비가	빠른
전시회	기본
살쾡이	흡수
사다리에	잠금
스카프	기초
바람	크기
가구	히트
가을	권한 부여

Puzzle 47

필	요	한	의	굴	젊	다	용	노	날	추	문	솔	주	장
뜻	텀	프	올	달	주	찍	바	터	찍	느	대	끔	요	요
션	용	풍	쌀	로	경	공	양	계	약	서	노	체	요	요
체	끔	조	건	도	동	문	고	식	질	호	사	노	돌	를
너	문	도	터	트	문	컴	람	가	쌀	출	자	크	시	기
도	즐	겁	게	도	바	러	스	한	비	동	대	이	도	종
셀	의	대	대	여	공	카	추	집	즈	이	에	로	하	찍
위	결	표	집	전	발	을	측	퓨	니	문	체	자	지	용
터	끔	감	노	히	질	에	풍	트	스	체	한	파	만	스
로	필	를	한	끔	파	받	발	운	운	리	레	문	질	한
달	표	노	션	젊	늘	러	의	감	끔	발	셀	문	문	물
부	을	아	추	집	고	의	도	운	발	날	이	공	도	
주	체	피	래	받	용	터	문	은	퓨	굴	짓	로	한	성
법	너	부	찍	로	료	무	발	을	문	러	낌	느	자	과

비즈니스	필요한
뜻텀프	아래로
여전히	시도하지만
경고가	종기를
성과	경로
질문	양식
계약서	추측
즐겁게	호출
피아노를	무료로
대체를	조건

Puzzle 48

굴	솔	크	날	자	전	로	끔	북	찍	올	체	을	풍	고	맞
토	론	끔	받	측	터	크	림	자	감	다	너	절	을	은	올
람	보	시	리	즈	히	확	명	문	날	결	로	들	돌	너	레
느	범	라	주	낌	션	문	랑	집	의	코	니	스	돌	을	위
부	을	리	색	공	션	추	가	동	작	합	다	발	을	을	을
와	부	고	체	느	느	루	너	람	를	주	받	돌	어	레	도
함	들	크	낌	느	를	운	은	장	돌	낌	올	돌	돌	문	레
께	자	션	을	전	멀	리	밖	동	문	물	골	다	한	트	문
동	젊	레	말	요	풍	아	발	으	낚	시	절	문	용	거	을
지	적	인	노	질	은	직	컴	을	로	동	물	맞	한	짓	도
느	한	발	람	바	크	도	받	한	자	동	늘	들	용	추	레
션	체	기	각	여	섯	번	째	은	발	크	올	전	짓	거	문
문	바	한	바	솔	돌	목	표	추	견	굽	돌	부	추	짓	트
요	집	바	에	이	전	트	욕	식	용	행	셀	느	부	을	

명랑가	목욕
토론	아직도
동작합니다	골절
낚시	결코
에이전트	기각
여섯 번째	시리즈
멀리	와 함께
보라색	밖으로
지적인	그림
식용	명확히

Puzzle 49

을	레	문	대	자	컴	부	문	굴	체	발	을	다	낌	프
물	위	치	부	느	운	드	로	다	펜	싱	침	묵	로	리
은	결	받	카	다	필	러	고	리	절	솔	러	바	다	지
러	범	다	낌	꼼	늘	운	들	가	제	들	파	짓	바	어
규	추	민	견	법	어	바	문	요	은	람	를	고	비	는
칙	바	주	부	리	자	퓨	실	행	이	예	향	싼	션	문
춤	받	고	헤	주	날	발	필	션	찍	싸	움	외	동	북
동	파	적	레	론	의	절	을	견	주	거	받	카	굽	너
적	전	바	트	동	주	맞	동	터	결	춤	로	맞	파	적
들	어	봐	위	약	추	한	행	짓	주	에	한	카	루	요
치	명	적	인	속	도	집	문	동	레	대	바	로	거	을
장	사	을	날	다	거	농	장	찍	발	표	늘	동	집	문
적	감	집	느	필	집	젊	행	너	터	집	동	사	크	바
물	측	들	달	거	북	주	굴	풍	루	모	험	실	사	바

들어 봐	약속
부드러운	다리가
사실	침묵
실행이	예외
농장	고향
펜싱	비싼
싸움	민주주의
모험	규칙
프리지어는	위치
헤론	치명적인

Puzzle 50

주	말	도	은	기	카	용	주	이	들	위	느	을	물	로
견	손	가	락	분	거	대	로	들	도	말	트	문	트	바
트	적	의	결	을	퓨	느	결	도	퓨	장	절	해	변	파
바	리	러	낌	상	의	바	주	달	굴	다	호	쌀	사	자
을	위	지	동	하	퓨	날	을	트	동	장	스	말	굴	의
사	동	수	동	게	진	짜	자	용	여	달	트	한	노	받
한	요	바	에	루	용	견	솔	요	러	트	용	바	느	문
루	다	보	단	순	화	느	맞	늘	분	전	쟁	거	느	집
동	노	이	울	리	트	짓	측	용	의	아	낌	춤	견	스
감	말	공	찍	로	절	적	적	크	제	용	버	사	풍	러
맞	아	말	괄	량	이	문	쌀	굽	적	다	의	지	쌀	대
제	마	개	동	퓨	람	사	은	체	을	먼	달	리	소	대
에	도	발	누	출	사	션	을	늘	젊	지	용	성	금	도
을	적	한	거	공	셀	발	끔	체	쌀	물	물	션	도	도

전쟁	달성
사람	호스트
소금	개발
아버지	해변
손가락	보울
지수	아마도
진짜	여러분의
사람이	기분을상하게
먼지	말괄량이
누출	단순화

Puzzle 51

맞	서	에	대	한	승	션	카	을	부	로	자	행	늘	문	
리	명	한	바	레	북	리	느	솔	날	레	굽	공	전	부	
전	한	올	범	루	찍	끔	파	울	새	는	다	주	사	말	
번	째	는	트	필	를	굴	올	찍	날	질	견	용	을	감	
회	화	체	퓨	터	바	문	의	늘	표	짓	굽	추	주	부	
선	반	로	느	바	트	질	리	카	의	한	이	을	적	제	
용	리	용	테	거	받	법	표	퓨	어	스	리	파	위	를	
젊	질	퓨	사	마	나	젊	공	주	많	이	행	션	상	운	
이	위	물	정	풍	머	운	노	접	동	레	아	픈	황	풍	
레	이	디	한	문	지	한	의	부	착	실	현	그	의	션	
체	젊	결	낌	솔	스	달	동	로	표	제	장	림	셀	행	
발	쌀	루	전	형	않	습	니	다	쌀	셀	춤	자	러	은	
법	굴	너	짓	굽	너	이	끔	에	은	발	너	동	행	올	
문	한	너	동	집	주	다	대	용	날	맞	셀	주	션	행	

울새는   그림자
전형   않습니다
테마   실현
사정   접착제
서명   레이디
선반   에서
나머지   아픈
많이   레이스
승리   회화
상황의   번째는

Puzzle 52

크	달	동	법	주	동	솔	굽	요	레	결	리	질	도	운
들	범	통	거	넓	게	측	을	측	말	용	거	트	동	환
루	주	짓	신	게	풍	요	다	한	문	해	바	법	컴	경
한	을	을	주	을	부	요	솔	동	찍	시	쌀	바	맞	에
중	한	로	저	끔	로	문	한	제	굽	계	찍	트	부	은
지	요	바	도	로	한	한	한	적	측	서	둘	적	를	들
됨	트	체	위	너	거	거	주	결	주	운	컴	질	제	받
물	동	굽	주	가	주	물	무	다	감	측	항	러	도	체
체	사	킹	크	장	치	나	느	발	용	저	용	문	적	계
쌀	받	이	차	높	열	고	들	레	짓	춤	크	에	느	도
이	의	베	클	은	한	리	쌀	춤	혼	합	법	너	견	너
쌀	동	솔	링	늦	문	문	춤	션	문	한	법	법	문	크
거	말	장	요	추	루	공	낌	문	로	표	북	운	달	동
을	트	람	청	동	부	행	문	이	을	온	다	프	아	

아프다	체계
저항	사이클링
베이킹	서둘러
나무	차이
넓게	해시계
주저	가장 높은
통신	온다
환경에	혼합
치열한	요청
늦은	중지됨

Puzzle 53

```
뾰 컴 일 발 명 자 달 삽 전 맞 춤 레 짓 춤 셀
족 이 반 절 필 신 체 입 한 솔 감 레 동 카 대
한 경 적 적 받 을 행 아 추 퓨 발 문 물 를 로
한 찰 으 트 매 위 측 무 끔 젊 은 결 찍 어 한
굴 이 로 루 듭 질 퓨 들 것 한 을 젊 터 하 다
문 북 트 동 크 굴 끔 쌀 도 문 명 달 어 받 를
쌀 바 동 어 운 로 발 너 크 표 문 확 하 젝 범
맹 렬 한 굽 바 트 받 풍 느 장 지 제 로 트 이
결 로 카 짓 집 굽 법 사 끔 고 용 로 받 은 게
적 전 운 적 솔 바 감 식 찍 질 프 적 로 션 트
문 격 에 의 스 전 느 분 노 장 한 맞 도 은
로 스 용 견 질 체 찍 문 박 수 물 운 로 선 바
전 스 들 바 루 러 맞 적 트 올 달 감 문 올 용
을 견 로 질 거 어 동 받 션 쌀 로 짓 말 용
```

아무것도	프로젝트
삽입	분노
수달	일반적으로
매듭	뾰족한
수박	고용
맹렬한	분식사
느낌	명확하게
자신을	메시지
발명	적격
것들	경찰이

Puzzle 54

적	네	필	장	날	문	션	경	고	간	법	법	공	장	절
받	동	트	크	느	문	찍	요	발	쓰	기	는	은	문	추
자	돌	고	워	를	어	도	을	달	문	물	소	공	적	바
에	따	르	면	크	바	컴	적	잡	한	찍	음	바	이	법
제	젊	부	대	바	루	말	제	지	크	바	파	추	솔	쌀
절	을	노	울	이	한	쌀	질	리	들	다	쌀	한	일	동
추	동	을	다	었	울	바	올	솔	자	와	상	이	한	문
트	거	젊	한	은	터	레	용	한	겁	쟁	이	루	을	을
한	춤	동	소	유	도	고	부	필	거	표	바	에	북	거
부	을	카	낌	레	문	물	누	워	도	파	의	거	굽	거
달	체	적	자	주	아	이	디	어	로	꿈	춤	션	크	루
핸	들	을	은	풍	장	너	한	굴	날	너	요	대	을	느
짜	증	나	게	소	원	를	춤	고	젊	야	구	질	결	표
크	체	운	짓	범	전	올	쌀	말	로	한	문	말	바	집

핸들을	겁쟁이
쓰기는	야구
동일한	경고
짜증나게	울었다
아이디어	에 따르면
소원	네트워크
소유	울다
소음	기간
누워	이상한
거북이와	잡지

Puzzle 55

레	컴	다	굴	발	비	에	굴	늘	전	문	견	귀	나	당
사	사	젊	카	들	행	드	러	남	젊	주	올	카	이	발
셀	한	느	바	리	기	자	찍	짓	달	한	견	전	스	동
느	슨	하	게	공	를	자	쌀	법	한	날	법	범	거	발
라	느	도	측	주	기	느	레	다	느	리	찍	사	제	이
어	디	운	물	람	고	동	문	카	동	물	제	제	주	춤
려	이	오	로	문	퓨	을	레	발	돌	꼼	요	루	용	에
운	로	채	다	느	리	거	거	절	트	루	한	견	를	를
제	체	동	발	받	돌	다	방	추	천	굴	쌀	위	행	행
동	스	운	은	낌	솔	운	가	돌	부	발	공	느	풍	풍
달	질	거	표	대	짓	에	캠	페	인	노	추	공	법	대
동	행	대	을	활	부	토	자	아	기	의	거	표	대	달
측	를	한	활	쾌	한	요	거	임	동	전	풍	을	쌀	쌀
동	주	셀	람	주	올	일	바	책	날	한	다	주	올	쌀

캠페인	추천
나이	느슨한
어려운	책임자
책가방	토요일
아기의	다채로운
라디오	거대한
동물	쾌활한
책임	드러남
비행기를	당나귀
공기	느슨하게

Puzzle 56

농	구	외	관	토	쌀	에	선	마	장	을	늘	을	람	루
카	한	공	춤	지	들	쌀	샤	이	트	도	결	퓨	용	이
쌀	체	동	조	랑	말	언	인	그	문	결	제	측	표	한
낌	문	맞	적	물	도	주	급	레	을	동	정	한	제	한
를	스	다	한	용	추	돌	전	이	을	다	크	동	동	너
자	마	동	굴	춤	제	을	러	션	경	에	이	도	제	출
한	트	발	퓨	거	조	동	짓	전	우	동	측	끔	늘	젊
람	한	입	집	집	돌	한	물	요	에	을	돌	끔	공	범
을	을	굽	구	용	적	문	대	에	사	자	끔	필	레	파
짓	션	스	도	필	낌	필	풍	글	만	돌	필	크	느	에
너	스	루	집	범	을	절	를	로	무	문	요	레	말	문
답	변	영	양	소	호	랑	이	우	작	적	바	전	느	트
위	소	개	합	니	다	니	합	게	위	받	물	한	바	한
돌	들	느	문	질	춤	을	결	로	각	생	레	다	자	한

제조
제출
생각나게 합니다
경우에만
선샤인
호랑이
농구외관
토지
결정이
글로우

조랑말
답변
언급
여기
무작위
입구
소개합니다
마이그레이션
영양소
스마트

Puzzle 57

행	수	공	결	받	자	카	견	블	솔	크	한	질	다	쌀
복	익	존	리	비	말	측	카	리	한	안	표	공	구	리
한	성	중	행	정	날	물	자	드	말	아	한	주	집	찍
체	있	발	물	형	장	결	필	트	를	리	버	을	측	루
체	게	너	위	치	는	용	바	체	쌀	가	전	장	바	느
늘	운	추	춤	그	나	을	쌀	노	리	위	르	로	물	행
날	범	물	트	들	뿐	터	크	절	문	을	에	쳤	받	질
속	를	러	고	은	늘	은	리	부	집	션	전	이	날	쌀
늘	이	거	귀	레	전	젊	을	을	필	자	위	바	애	에
러	로	는	한	필	결	돌	거	러	한	받	이	다	완	필
퓨	어	다	를	주	도	트	레	를	돌	말	소	년	동	돌
의	올	너	시	그	질	전	거	풍	굽	부	범	날	물	다
전	파	도	감	녀	추	발	느	리	다	에	거	자	들	이
받	기	을	스	달	절	자	운	어	감	솔	여	름	에	게

존중	버전
소년	안아
나쁜	구리
여름에게	블리드
감시를	그들은
애완 동물	그녀
행복한	위치는
비정형	고귀한
수익성 있게	전기
속이는를	가르쳤

Puzzle 58

```
문 달 리 기 을 돌 로 낌 한 컴 느 낌 맞 한 자
카 은 범 션 제 구 조 컴 을 법 다 을 올 느 운
주 달 제 죄 한 끔 맞 장 짓 용 동 카 들 연 터
춤 편 안 한 대 용 짓 로 적 한 뜻 깊 은 락 한
한 다 맞 험 의 은 자 추 짓 체 결 리 문 처 측
결 회 원 위 용 파 크 유 춤 다 은 발 컴 끔 을
날 늘 민 대 절 루 트 제 요 급 속 하 용 끔 요
퓨 느 착 퓨 주 날 춤 한 굴 에 체 문 맞 법 스
일 시 정 지 파 짓 미 동 운 너 도 카 낌 결 론
다 받 요 말 문 미 소 트 부 무 거 주 적 을 은
셀 한 카 용 트 솔 라 고 전 이 덩 눈 끔 은 느
동 문 너 달 늘 셀 스 을 전 모 바 춤 도 은 다
감 리 발 돌 상 수 파 법 을 급 트 을 굴 낌 공
바 필 돌 자 을 를 필 갤 럽 동 찍 트 물 다 공
```

연락처	결론
상수	뜻깊은
너무	구조
스라소니	달리기
일시 정지	눈덩이
편안한	위험한
미소	이모
정착민	급속하게
갤럽	지유
범죄	위원회

Puzzle 59

람	날	을	행	한	컴	용	로	올	다	사	운	용	표	추
받	올	도	자	오	히	려	체	돌	젊	범	측	견	굽	장
쌀	거	위	은	행	바	절	달	바	카	한	러	고	객	은
문	드	레	스	집	문	문	뮤	지	컬	어	노	러	측	바
결	쌀	젊	퓨	도	쌀	퓨	편	지	를	션	사	법	한	을
사	람	의	굴	연	돌	느	짓	트	주	날	집	분	도	트
버	받	감	명	설	더	똑	똑	한	러	어	을	낌	실	로
받	섯	굽	페	실	행	너	필	카	부	파	도	합	니	다
다	퓨	을	인	꼼	어	사	리	파	셀	에	앞	치	마	트
퓨	문	러	트	꼼	견	션	트	솔	바	물	부	터	용	람
해	찍	물	브	찍	을	다	셀	경	쟁	로	거	쌀	바	용
은	바	람	러	크	한	루	거	문	을	집	굴	부	을	서
공	범	라	시	바	파	젊	트	에	절	파	올	측	주	발
행	행	쌀	기	주	자	굽	문	의	위	주	춤	정	받	법

설명
더 똑똑한
사람의
실행
버섯
파도합니다
고객
뮤지컬
오히려
앞치마

페인트 브러시
경쟁
분실
연설
측정
용서
해바라기
편지를
은행
드레스

Puzzle 60

질	측	부	족	클	립	정	치	의	은	필	제	질	션	동
굴	결	부	가	능	한	람	표	아	문	에	요	질	조	질
굽	다	맞	동	로	켓	합	질	들	로	파	이	적	언	동
운	영	노	을	때	느	계	남	한	사	노	동	기	을	도
견	더	낮	은	때	게	이	트	성	장	자	낌	대	은	문
법	사	용	로	느	바	절	동	너	레	주	컴	절	바	주
누	요	날	동	문	질	망	은	바	측	거	로	로	측	자
솔	가	감	바	동	동	절	공	문	동	을	대	날	은	동
로	장	주	더	을	람	을	끔	을	범	노	너	문	한	받
바	로	쌀	나	에	표	한	위	션	동	한	굴	법	동	터
쌀	바	자	은	거	질	이	크	어	북	은	파	를	용	동
느	제	로	표	션	의	바	퓨	의	사	을	행	거	스	감
스	푼	바	물	대	측	젊	용	사	동	을	어	은	맞	시
달	이	북	노	전	트	바	감	컴	리	노	문	한	을	됨

더 낮은	스푼
사자	거주자
가능한	더 나은
로켓	합계
남성	아들
조언을	게이트
클립정치의	부족
감시됨	기대
누가	운영
때때로	절망

Puzzle 61

들	짓	고	체	느	어	결	컴	루	쌀	위	대	굽	스	서
배	지	립	낌	동	감	레	얼	한	법	용	접	다	타	식
스	의	하	동	문	을	질	룩	을	파	북	하	대	일	지
보	리	는	주	트	결	쌀	말	용	요	는	자	왕	주	절
끔	냈	들	부	절	주	조	용	한	날	사	스	션	은	굴
냄	동	다	도	문	격	을	어	적	합	문	트	약	물	은
비	한	한	레	용	정	한	셀	날	초	로	용	풍	문	추
적	람	측	도	견	고	바	감	크	동	콜	로	트	전	한
레	적	표	금	발	객	집	를	발	한	릿	자	찜	찍	다
터	끔	행	주	융	에	을	다	느	은	받	가	트	느	필
추	다	늘	이	트	도	용	운	질	바	돌	발	우	사	를
을	적	집	느	달	포	함	다	위	이	꼼	기	유	도	문
도	컴	용	자	도	한	꼼	자	부	크	기	술	발	다	터
말	바	물	거	맞	느	측	낌	말	로	자	은	범	다	터

적합	보냈다
냄비	포함
기술은	초콜릿
고객에도	배지
고립하는	가족
대접하자	걱정
서식지	스타일
조용한	약물은
왕자는	우유
얼룩말	금융

Puzzle 62

사	스	필	한	무	도	은	노	요	굽	을	은	동	자	연
랑	먼	저	옵	션	효	풍	퓨	견	꿈	늘	로	낌	날	트
스	받	바	를	동	이	함	셀	을	질	전	감	올	을	적
러	트	력	보	통	행	문	측	풍	의	크	의	주	거	을
운	사	수	도	자	비	극	적	행	질	전	찍	느	느	바
쌀	찍	있	필	발	체	에	올	질	부	부	는	돌	크	젊
은	느	습	동	대	질	달	동	리	부	느	용	느	에	적
운	문	니	추	결	스	질	산	트	발	법	바	레	에	에
동	파	다	레	한	바	돌	추	만	주	스	리	부	동	동
문	법	느	말	세	탁	셀	동	동	트	주	고	체	자	행
다	컴	집	트	절	맞	레	동	람	이	내	것	감	한	북
발	짓	바	날	도	배	우	다	꿈	파	도	로	발	늘	문
누	로	구	옷	노	어	체	쌀	체	행	동	동	한	운	또
구	트	니	장	말	견	바	에	노	리	늘	도	가	격	한

부부는
내 것
산만
비극적
배우다
세탁
누구
트럭
수 있습니다
먼저

가격
체리
무효함
보통
바구니
옵션
옷장
또한
사랑스러운
자연

Puzzle 63

플	에	날	굽	달	쌀	부	대	발	법	사	이	돌	육	모
용	레	장	집	행	물	로	문	용	들	문	들	한	군	자
부	맞	이	공	알	려	진	달	주	한	굴	다	말	들	주
라	를	주	가	들	행	노	트	동	체	다	를	러	이	측
레	운	노	장	최	대	의	접	어	위	이	젊	동	더	법
크	리	드	이	를	감	스	감	부	을	찍	솔	터	뜨	범
체	레	파	라	을	찍	거	돌	달	들	주	발	셀	거	측
제	받	공	전	는	스	만	짓	돌	스	비	도	말	운	돌
은	크	이	문	행	대	들	셀	감	날	타	날	결	견	트
견	다	견	신	중	한	기	을	기	나	민	흔	추	필	질
전	한	필	당	절	은	달	트	회	중	도	들	은	표	로
물	도	자	한	신	푹	견	아	시	에	말	기	도	필	호
굴	너	람	샴	발	에	용	빠	네	장	면	범	은	리	기
을	쌀	도	푸	측	러	게	러	마	이	용	컴	돌	람	심

호기심	최대의
푹신한	모자
나중에	아빠
만들기	알려진
샴푸	신중한
기회시네마	라운드라는
당신에게	육군
비타민	장면
플레이가	흔들기
더 뜨거운	접어

Puzzle 64

```
노 행 러 감 문 발 동 동 이 는 않 습 니 다 트 마 을 한 트 문
실 장 도 추 감 들 물 장 모 퓨 절 발 크 어 렁 을 한 맞 문 람
루 버 운 정 원 표 현 춤 을 달 도 쌀 한 로 크 측 트 적 적
을 문 굴 너 동 의 을 즐 길 용 쌀 운 북 동 다 마 솔 결 발
절 범 신 집 발 찍 동 끔 한 솔 루 사 요 다 을 한 말 노 질
적 용 을 사 감 기 이 맞 카 늘 거 주 바 한 은 질 너
은 파 러 리 부 부 에 에 자 한 북 컴 한 솔
달 다 대 트 도 어 굴 너 법 이 레 북
한 부 춤 추 대 고 쌀 지 도 젊 표
체 양 말 발 트 퓨 중 주 을 솔
다 러 결 퓨 짓 위 요 를 깔 스
을 을 적 결 현 주 이 한 끔 바
러 터 필 로 대 너 한 끔 짓
태 생 달 춤 노 다 용 단 션 메
```

정원	감기
거북이	메추라기
태생	표현
을 즐길	법률
단단한	깔끔한
트렁크	현대
이모을	는 않습니다
마을	양말
실버	중요힌
신사	에너지

Puzzle 65

사	젊	느	컴	추	트	다	오	트	우	퓨	러	코	치	동
레	다	스	발	목	표	람	늘	물	려	범	할	맞	맞	장
한	주	타	문	바	제	장	필	동	사	행	머	문	블	록
쌀	추	킹	컴	람	한	외	굽	동	항	용	니	주	은	들
카	이	올	문	필	로	발	동	요	파	장	퓨	추	한	거
들	늘	동	트	셀	부	물	요	에	문	위	한	절	올	노
부	문	끔	한	로	사	날	실	끔	주	젊	을	로	를	로
근	를	짓	크	트	거	재	제	끔	돌	약	적	굴	발	법
처	래	다	운	주	친	미	추	바	어	소	유	자	자	동
러	모	양	의	여	노	있	거	도	은	적	공	은	문	크
부	자	거	동	자	스	는	들	필	쌀	들	측	공	의	받
터	레	위	트	솔	행	도	트	풍	문	찍	제	적	문	트
쌀	은	람	추	한	사	체	장	카	굽	요	황	차	문	이
파	동	트	한	셀	늘	컴	사	느	에	은	문	야	량	셀

제외	약어
주의	오늘
할머니	사무실
모양의	황야
목표	블록
소유자	여자
차량	스타킹
우려 사항	근처
미친	재미있는
모래를	코치

Puzzle 66

공	식	적	으	로	에	거	션	컴	수	많	한	행	의	들
트	젊	다	동	공	퓨	공	을	추	정	을	은	너	절	주
트	거	측	로	이	로	책	쌀	스	요	사	도	이	아	트
온	발	동	응	시	굴	임	찍	한	표	도	을	점	셀	절
도	절	카	한	초	대	있	레	집	동	카	환	대	공	문
가	노	쌀	올	터	공	는	중	요	문	사	의	자	바	동
육	상	맞	부	치	질	느	운	바	너	결	늘	다	감	도
컴	솔	이	찍	맛	장	자	바	달	날	카	파	측	카	카
적	질	굴	자	있	맞	트	달	체	달	를	체	형	제	행
문	카	견	낌	는	로	바	문	크	아	기	바	굽	로	자
굽	끔	발	거	범	느	악	어	질	적	젊	한	바	바	을
주	쌀	동	집	발	자	퓨	판	주	도	퓨	받	크	감	돌
공	를	문	문	편	파	조	매	문	돌	다	바	도	북	너
필	위	도	부	문	지	언	자	자	표	스	측	부	은	용

조언
중요
터치
많은
수정
온도가
편지
초대
맛있는
아기

판매자
공식적으로
악어
아이
형제
책임있는
환자
육상
응시
이점

Puzzle 67

점	느	절	들	체	전	짓	바	기	돌	리	부	너	찍	트
어	심	깔	끔	한	을	빌	드	대	달	한	풍	용	거	굴
거	한	식	동	질	한	동	우	하	문	제	표	한	주	에
빨	리	랑	사	도	북	결	라	는	로	춤	이	문	람	문
람	집	달	행	트	발	들	클	행	젖	은	미	범	말	행
은	컴	로	개	한	연	못	터	맞	위	은	돌	트	트	질
필	드	올	덴	구	표	로	짓	추	동	범	용	짓	한	한
러	트	탠	웨	노	리	진	행	상	황	은	제	느	돌	셀
다	이	제	스	트	오	맞	리	들	트	을	러	찍	제	바
문	이	찍	감	받	표	위	위	쌀	장	거	바	을	도	감
질	멸	종	끔	풍	느	너	한	진	철	루	를	문	도	동
레	러	날	느	집	받	리	받	실	자	적	레	찍	결	컴
추	맞	크	카	표	루	문	로	제	하	북	필	들	역	할
대	동	추	위	고	자	느	카	러	는	한	체	람	행	찍

젖은	기대하는
사랑	스탠드
점심 식사	연못
클라우드	오리
깔끔한을	빌드
진실	빨리
진행 상황	개구리
멸종	역할
스웨덴	이미
철자하는	다이제스트

Puzzle 68

끔	를	젊	장		측	문	문	파	문	스	도	젊	로	러
카	춤	받	사	낮	젊	요	돌	루	노	프	램	쌀	날	짓
춤	로	느	운	은	은	느	결	짓	느	래	레	동	달	문
럭	셔	리	동	을	용	은	을	감	문	의	트	검	법	퓨
견	따	물	한	요	러	측	트	운	한	레	맞	사	레	짓
리	라	춤	필	쌀	일	정	발	트	용	크	공	의	사	됨
문	서	셀	고	제	로	부	로	너	로	용	동	피	솔	
느	자	올	발	한	장	견	춤	케	은	레	늘	아	체	
굴	범	문	드	물	게	사	자	이	이	을	어	노	춤	
부	낌	을	을	도	깊	습	레	크	표	은	굴	쌀	문	
구	용	바	페	다	의	이	굴	도	받	트	쌀	운	물	
조	주	전	인	로	주	느	너	올	새	은	을	자	자	
를	을	도	트	바	표	느	북	셀	동	견	운	도	을	
주	름	을	준	비	완	료	질	닭	띠	감	젊	쌀	위	
									한	를	문	은		

구조를
케이크
피아노
램프
따라서
노래
드물게
페인트
닭띠
낮은

문자
주의깊게
준비 완료
럭셔리
검사됨
사슴이
프레스
주름을
울새
일정

Puzzle 69

느 위 자 질 트 도 은 필 법 질 매 트 실 동 을
를 내 측 솔 바 트 주 질 문 체 체 날 제 젊 너
컴 관 에 공 계 기 변 주 필 루 블 솔 레 크 트
꼼 계 동 서 통 걷 대 람 쌀 장 라 한 결 고 에
자 를 북 발 를 집 제 젊 발 셀 우 퓨 퓨 추 부
주 도 요 행 춤 동 주 끔 제 트 스 컴 레 이 람
색 자 젊 풍 표 정 다 이 바 바 들 노 말 제 젊
쌀 너 트 거 북 확 노 러 체 질 컴 크 대 솔 한
자 문 쌀 은 스 히 냉 굴 말 질 올 질 자 도 쌀
재 생 중 쌀 바 어 장 선 요 채 택 보 안 이 표
끔 제 성 명 쌀 질 고 다 러 거 리 트 필 동 표
어 기 이 불 로 셀 말 받 어 제 확 실 하 게 전
제 측 타 안 너 표 다 전 셀 찍 춤 용 다 람 공
파 행 발 함 트 어 매 력 다 솔 고 느 카 어 체

내에서	블라우스
관계를	기계공
주변	냉장고
성명	채택
불안함	재생 중
자주색	걷기
매력	공통
확실하게	정확히
매체	기타
실제	보안이

Puzzle 70

파 한 문 트 도 이 다 물 바 제 바 셀 주 동 동
터 너 낌 나 비 헤 지 양 배 추 큐 주 부 느 올
다 휴 감 고 문 셀 추 운 끔 도 피 물 리 적 동
견 음 일 컴 터 셀 용 문 체 동 드 로 러 대 끔
리 동 을 어 루 받 최 고 기 록 의 사 부 트 어
다 에 컴 한 트 운 도 부 말 트 표 동 션 를 문
다 춤 장 가 집 스 질 공 테 두 리 추 을 젊 루
건 아 질 카 난 낌 집 뜨 굽 위 트 위 집 대 공
포 티 문 한 전 을 친 거 동 바 감 을 감 용 동
도 스 이 트 솔 사 거 운 풍 다 쌀 어 말 동 적
를 트 스 포 달 주 페 인 트 에 게 대 문 리 을
한 전 노 결 위 측 트 용 공 질 자 와 찍 은 셀
주 공 행 정 고 용 동 말 에 모 루 인 요 용 트
노 다 레 이 을 전 늘 인 간 의 바 전 결 동 로

나비헤지	다음
포스트를	추운
물리적	거친
최고 기록	결정
뜨거운	건포도
양배추	와인
테두리	큐피드의
아티스트 전공	인간
페인트에게	기난을
모의	휴일

Puzzle 71

집	바	문	정	트	강	아	지	추	크	노	견	문	자	쌀
부	결	파	상	람	셀	부	필	의	쌀	굽	위	은	어	퓨
용	장	다	회	의	컴	도	노	솔	굴	까	마	귀	감	다
젊	터	어	담	부	용	은	주	견	은	동	용	들	절	로
이	자	동	동	끔	끔	은	찍	집	느	전	발	거	감	굴
문	부	장	션	찍	하	위	압	축	람	젊	송	든	로	짓
젊	다	코	를	파	용	터	필	올	제	절	로	이	쌀	보
지	불	너	말	물	용	들	크	레	용	션	리	쪽	돌	존
셀	쌀	너	종	류	의	들	거	트	셀	올	문	느	쌀	한
클	질	날	계	란	선	거	관	리	절	느	감	어	대	들
퓨	래	견	용	견	느	을	끔	도	추	유	을	적	필	늘
로	고	스	바	찍	추	문	부	부	필	의	사	달	거	로
맞	돌	필	를	갑	작	스	런	튤	람	비	젊	한	동	용
맞	제	올	바	루	문	말	을	립	끔	판	추	문	은	쌀

클래스를	돌고래
선거	계란
전송이	강아지
하위 압축	보존
지불	유사한
어느 쪽이든	관리
튤립	갑작스런
크레용	코너
까마귀	비판
정상 회담	종류의

Puzzle 72

이 유 는 로 루 파 느 부 질 굴 전 의 주 크 추
루 다 문 행 동 을 질 제 적 어 도 터 퓨 바 은
문 파 셀 어 장 약 바 동 션 부 션 맞 운 은 레
찍 카 느 부 거 물 짓 주 이 바 로 을 을 돌 한
바 돌 을 쌀 들 한 은 전 리 레 북 다 필 풍 결
의 하 드 뒤 에 추 후 요 적 용 느 자 야 한 주
질 길 이 이 다 운 를 보 표 퓨 발 측 결 견 은
집 로 추 파 한 너 한 부 질 쌀 부 자 트 주 사
느 은 러 전 늘 법 맞 용 도 교 주 달 이 코 운
누 군 가 배 심 원 바 나 나 실 의 천 사 요 은
체 트 굽 은 크 러 도 오 체 찍 올 강 테 셀 지
문 라 발 퓨 범 요 풍 디 이 바 바 한 질 지 침
에 대 일 문 늘 카 이 션 스 동 만 든 집 자 은
쌀 도 측 락 이 컴 문 을 노 찍 문 카 용 도 은

바나나	오디션을
코요테	야드
만든	라일락
지침	약물
사이트	뒤에
적어도	누군가배심원
부주의	강한
천사	후보
하드	교실
이유는	길이

Puzzle 73

느	행	위	퍼	평	의	표	필	위	버	환	영	합	니	다
부	레	측	짐	가	바	비	풍	집	끔	팔	대	너	바	체
우	스	운	오	래	된	교	사	트	한	트	로	리	컴	한
솔	운	범	문	리	강	렬	한	한	맞	끔	은	말	팩	주
한	노	동	동	을	물	어	능	굽	트	문	바	문	트	트
한	셀	바	적	측	동	바	유	크	느	주	불	머	니	범
로	부	꿈	를	람	계	굴	스	도	들	한	안	바	루	솔
문	굴	부	바	솔	법	정	애	발	이	다	정	발	로	추
은	을	도	자	돌	풍	집	적	문	돌	질	한	너	발	결
체	한	꿈	부	감	동	이	트	제	이	이	제	맞	상	태
동	동	견	복	부	컴	을	동	들	노	한	어	어	고	부
커	튼	주	숭	리	문	늘	터	제	어	요	문	사	회	자
적	도	리	아	루	도	받	감	리	솔	요	너	꿈	에	파
고	장	전	루	끔	동	위	젊	감	바	절	결	의	체	어

제어	계정
강렬한	비교
상태	부자
사회	주머니
우스운	오래된
컴팩트	불안정한
평가	커튼
퍼짐	환영 합니다
복숭아	버팔로
애정	유능한

Puzzle 74

발	로	너	끔	축	거	동	리	성	말	끔	은	파	은	로
을	솔	용	늘	하	다	문	대	레	분	스	다	사	솔	평
짓	영	동	크	드	물	크	트	법	끔	을	부	은	부	야
문	리	고	짓	립	대	표	은	느	동	올	하	법	질	의
파	한	거	러	니	바	늘	셀	이	노	퓨	다	시	다	를
절	퓨	침	공	다	북	장	낌	스	질	쌀	쌀	리	기	동
안	녕	히	가	세	요	선	반	에	너	추	대	풍	동	자
퓨	공	필	너	컴	람	운	트	돌	달	날	을	트	굴	받
도	동	필	한	절	느	공	션	춤	라	이	드	용	질	굴
자	운	람	부	전	대	한	형	터	동	높	션	범	동	한
질	이	다	한	용	파	문	자	식	일	곱	번	째	람	를
약	속	을	부	도	대	비	컴	은	솔	러	파	체	느	셀
느	스	를	공	도	이	트	자	슬	픈	셀	람	질	를	트
은	주	발	바	이	올	렛	문	느	집	굴	범	트	너	바

바이올렛   영리한
안녕히 가세요   라이드
높이   침공
다리   분말
슬픈   형식
일곱 번째   평야의
다시   축하드립니다
선반에   비트
하늘   성분을하시기
약속을   전용

Puzzle 75

체	도	견	북	가	을	자	한	도	을	문	쌀	자	범	찍
달	비	록	을	져	레	셀	들	정	내	일	전	풍	션	굴
위	부	위	결	오	한	한	결	확	질	병	맞	어	동	사
레	법	돌	춤	기	체	한	부	도	터	고	블	린	노	트
동	문	자	날	끼	꼼	동	발	존	재	하	는	거	절	장
을	고	너	말	용	크	행	어	맞	받	달	다	공	물	도
다	너	짓	쌀	굽	솔	문	요	동	맞	적	북	굽	들	결
문	젊	물	돌	한	제	이	껌	트	너	머	표	바	측	바
제	공	발	질	트	주	필	셀	용	쌀	질	테	니	스	절
집	부	동	레	질	들	굴	집	젊	지	짓	스	범	겨	문
세	도	카	필	거	을	솔	굴	받	방	미	발	울	물	한
을	부	천	국	자	발	질	트	날	문	대	느	프	바	제
만	파	정	용	노	쌀	행	스	트	춤	한	전	퓨	느	바
찬	젊	한	보	문	를	집	찍	한	를	느	늘	느	트	제

주말	천국
테니스	미는
너머	동사
지방	겨울
질병	고블린
내일	정확도
노동	비록
만찬	스탬프
가져오기	세부 정보
존재하는	제공

Puzzle 76

받	북	대	파	쌀	레	을	트	을	느	쌀	리	용	동	터
느	용	트	끼	고	고	부	은	집	동	을	결	감	바	절
들	을	너	절	춤	바	여	어	퓨	맞	루	자	북	굽	을
바	거	이	러	터	바	다	성	자	고	돌	파	대	동	주
표	을	레	을	한	발	을	나	에	디	어	노	문	필	을
동	셀	한	수	동	바	오	체	물	자	쌀	션	행	람	쌀
문	발	은	요	절	솔	는	질	원	러	늘	바	들	쌀	이
퓨	트	주	일	굴	인	중	두	파	동	흔	트	발	를	를
쌀	거	울	타	리	재	운	번	주	전	들	동	한	끼	낌
리	물	레	문	끼	남	편	예	의	름	림	작	달	셀	돌
행	사	개	쌀	코	노	색	루	트	을	시	도	를	사	어
쿠	페	추	최	동	짓	인	고	요	짓	스	온	셀	돌	절
달	공	맞	바	동	사	들	도	측	한	범	을	사	어	
전	측	찍	날	터	레	카	젊	크	에	로	도	측		

어디에나	고대
예의 바름	개최
색인	온도
여성에	여부
남편	원자
오는 중	인재
코끼리	흔들림
수요일	시도를
동작	울다리
두 번	쿠페

Puzzle 77

물	적	용	터	스	문	찍	측	이	플	날	측	제	발	측
용	주	오	쌀	트	럽	터	인	러	로	장	을	제	목	동
은	집	징	터	립	부	주	동	한	트	절	필	결	을	을
이	중	어	마	위	협	질	그	랜	드	자	신	에	늘	적
위	퓨	노	날	이	양	고	끼	새	문	카	굽	늘	도	루
위	쌀	들	풍	질	너	한	어	낌	측	로	굽	이	질	스
을	문	동	바	견	질	를	은	션	부	결	법	늘	압	스
용	택	시	쌀	무	터	올	바	요	부	레	물	고	다	력
인	풍	적	법	엇	공	범	퓨	리	을	문	이	장	바	낌
덱	물	어	체	을	자	트	달	퓨	끔	적	북	트	견	노
스	사	솔	굽	하	발	문	견	을	트	굴	을	공	격	퀴
도	도	문	문	는	올	의	도	체	레	행	동	스	범	동
물	쌀	주	거	달	트	동	한	견	물	동	은	발	범	은
바	너	에	테	이	프	부	이	배	포	은	발	제	션	파

오징어	인터럽트
그랜드	압력
택시	배포
마이너를	공격
집중	테이프
인덱스	이러한
새끼 고양이	플로트
무엇을하는	스트립
제목을	자신
바퀴	위협

Puzzle 78

하	질	문	로	낌	이	퓨	쌀	젊	북	돌	문	용	용	텔
지	감	문	람	질	말	트	션	컴	한	동	한	을	유	레
만	쌀	들	짓	사	법	다	로	제	바	날	느	루	지	비
착	파	문	젊	노	물	달	로	연	재	한	시	에	장	전
용	슬	한	스	요	체	대	한	민	사	풍	나	어	문	거
바	리	낌	스	를	솔	전	문	행	용	돌	리	절	한	트
달	션	설	이	굽	항	라	인	거	가	솔	오	을	느	동
북	다	염	소	스	키	해	쓰	기	능	운	를	을	맞	동
용	은	굴	은	행	퓨	돌	한	너	날	을	자	로	스	질
거	부	어	한	바	노	이	은	자	솔	위	러	요	동	낌
표	리	질	스	크	적	한	로	람	도	느	로	물	사	제
서	두	르	다	람	한	행	범	사	은	트	을	발	포	운
순	고	다	굽	보	트	장	의	북	느	감	동	을	너	니
대	올	비	누	주	고	자	을	적	한	짓	루	루	공	써

하지만	착용
텔레비전	쓰기
시나리오를	파슬리
소설	항해
서두르다	연민
순서	보트
재사용 가능	염소
포니	유지
써니	비누주고
스키	라인

Puzzle 79

올	범	루	필	노	운	에	한	전	너	집	들	풍	받	에
편	결	쌀	셀	로	동	들	돌	바	굽	돌	어	부	전	이
동	집	트	은	용	람	바	자	부	문	크	부	은	바	컴
를	이	노	파	한	바	요	컴	을	용	트	건	쌀	을	받
에	다	은	바	용	춤	돌	다	짓	견	동	물	을	노	아
끔	춤	발	요	운	바	조	발	리	주	운	문	동	아	침
감	트	구	표	쌀	에	심	좋	은	황	행	발	체	받	장
크	컹	스	트	도	크	스	문	아	색	트	위	필	장	로
한	한	베	레	평	결	러	짓	찍	하	위	굽	발	문	춤
작	대	리	먼	단	스	운	한	트	맞	는	다	졸	용	카
행	가	로	지	순	있	어	고	백	을	바	발	업	젊	북
컴	하	의	투	히	적	트	위	사	풍	달	한	장	용	셀
트	강	대	성	를	를	체	도	이	받	바	바	거	한	이
문	동	반	이	결	첨	부	거	느	바	들	바	너	느	크

먼지 투성이
좋아하는
졸업장
평결
물건
편집
조심스러운
강하가
첨부
반대의

스컹크
동물원
동물원을
고백
아침
황색
작가의
구스베리
있어
단순히

Puzzle 80

근	본	적	인	도	디	에	컴	보	를	노	일	돌	급	행
를	위	해	달	람	한	자	바	동	내	달	반	엉	동	루
한	운	로	로	로	으	적	인	개	도	기	적	키	돌	퓨
용	를	사	파	날	다	차	범	로	요	거	인	게	동	필
법	를	컴	견	고	동	례	물	변	수	이	름	하	바	너
터	에	용	를	컴	서	에	에	단	계	레	제	는	다	돌
한	에	생	성	끔	컴	영	은	리	션	퍼	말	도	받	트
너	부	어	받	다	범	향	전	시	나	리	오	구	절	거
맞	대	을	끔	한	을	을	들	들	체	플	결	쌀	체	은
너	다	자	퓨	공	레	위	트	을	에	생	활	늘	어	날
장	셀	제	용	받	늘	문	대	추	동	한	문	트	트	젊
이	날	노	동	자	파	일	럿	돌	파	찍	추	도	루	범
감	바	을	셀	혼	질	부	람	에	너	장	이	바	집	말
늘	컴	굴	요	은	로	트	도	운	주	행	트	션	어	끔

일반적인	시나리오
플리퍼	엉키게 하는
생성	변수
파일럿	개인적으로
생활	계단에서
를 위해	혼동
근본적인	디자인
차례에영향을	노동자
보내기	이름
도구	급행

Puzzle 81

회	사	요	이	네	물	루	동	이	늘	결	운	퓨	굽	한
북	전	이	측	이	추	다	짓	행	퓨	문	은	션	크	도
들	리	트	셀	티	원	하	는	공	짓	은	너	장	집	멋
러	소	리	가	브	트	부	한	표	간	다	니	랍	바	지
퓨	스	측	입	은	빌	려	주	기	누	을	꼼	용	닥	게
들	문	측	로	파	필	파	부	맞	군	인	퓨	솔	로	에
의	의	꼼	꼼	전	을	그	녀	는	가	스	카	을	이	쌀
도	리	바	문	스	쌀	을	문	문	의	턴	측	굴	필	쌀
점	진	적	을	조	정	받	영	화	관	트	한	동	절	한
거	의	감	행	소	표	절	체	컴	적	트	을	션	법	돌
날	늘	적	운	행	개	바	이	쌀	측	요	약	생	강	이
북	은	장	굽	이	젊	이	굽	자	은	측	한	도	운	로
바	도	고	바	제	에	발	용	주	바	을	위	터	부	짓
용	맞	장	한	적	용	인	를	젊	바	이	집	찍	법	너

빌려주기
조정
소개
리소스
점진적
그녀는
네이티브
바랍니다
인스턴트
멋지게

바닥
생강이
가입
회전
요약
용인
원하는
공간을
누군가의
영화관

Puzzle 82

평	을	굽	한	질	필	굽	트	다	문	필	퓨	주	컴	에
화	로	용	솔	문	요	어	젊	장	받	발	한	로	람	전
로	끔	을	다	루	성	부	어	은	페	혜	늘	용	고	문
운	속	한	다	주	바	끔	이	제	이	노	택	퓨	속	가
러	대	맞	느	맞	기	쌀	동	내	지	다	체	을	에	에
터	루	노	퓨	이	하	사	질	레	아	표	바	춤	로	다
느	추	은	들	처	찰	전	자	이	인	크	어	도	로	은
필	이	을	동	럼	관	은	동	터	트	로	로	스	러	파
최	다	한	레	부	련	제	제	북	필	커	은	동	끔	인
근	은	문	행	데	퓨	어	용	동	긍	스	문	위	굴	애
거	크	표	전	이	굽	을	트	를	정	필	고	집	운	플
로	컬	굽	이	지	질	참	여	할	적	터	느	리	어	쌀
표	제	렉	늘	을	느	절	주	레	부	고	도	행	부	감
솔	운	퓨	션	필	표	북	측	컴	문	춤	제	성	어	절

속한다	처럼
파인애플	데이지
전문가	최근
평화로운	행성
크로커스	내레이터
필요성	관련
긍정적	컬렉션
관찰하기	혜택을
찬여할	페이지아인
동굴	고속도로

Puzzle 83

구	부	솔	용	들	러	적	이	발	트	스	들	을	추	납
멍	질	동	들	부	을	트	느	끔	느	질	필	스	운	작
젊	이	자	풍	돌	공	제	느	증	바	말	한	한	다	한
낌	컴	너	발	고	가	는	중	거	굽	느	끔	돌	견	약
집	북	남	관	러	늘	터	파	느	한	용	제	굴	레	지
부	발	성	물	리	본	센	바	의	한	부	용	결	법	출
받	느	이	풍	이	자	낌	어	도	짓	제	체	동	끔	바
이	제	까	지	자	물	바	처	음	부	터	끝	까	지	치
을	을	을	터	동	느	크	빈	곤	발	한	말	한	느	료
운	낌	쌀	헬	짓	운	도	크	카	대	어	측	이	로	대
솔	야	람	리	올	바	체	이	목	이	발	주	쩌	찍	한
짓	트	채	콥	람	느	달	도	록	견	절	을	쌀	면	굴
레	카	트	터	찍	루	러	필	위	고	예	측	달	을	한
대	문	크	날	이	트	맞	풍	질	바	법	올	바	파	한

증거	관리자
납작한	치료
지출	야채
남성이	빈곤
목록	구멍
헬리콥터	약한
어쩌면	예측
센터는	처음부터 끝까지
물자	자본
가는 중	이제까지

Puzzle 84

의	범	파	지	셀	실	여	테	문	로	입	가	트	고	람
돌	을	을	식	크	제	고	섯	러	퓨	력	능	동	터	필
집	을	동	셀	적	로	젊	감	우	람	성	너	용	부
주	트	바	트	말	늘	견	의	박	받	견	위	쌀	날	운
늘	한	한	러	를	돌	젊	바	올	젊	들	젊	거	젊
바	용	코	결	로	주	퓨	한	주	위	자	체	성	측
핑	크	코	크	시	날	도	취	미	용	람	정	넥	문
맞	운	아	헌	리	바	발	문	은	부	한	바	타	주
동	로	주	신	즈	바	쌀	러	사	운	도	맞	조	위	말
블	루	슬	추	는	운	스	견	끔	트	질	범	불	금	은
북	날	라	한	행	스	망	부	준	비	반	딧	에	발	리
말	표	이	을	공	파	을	치	대	솔	트	솔	로	사	절
동	집	드	전	풍	동	쌀	적	용	쌀	달	크	한	한
동	끔	로	리	느	크	카	전	문	견	요	바	말	느

가능성	정체성
테러	핑크
준비	헌신
코코아	취미
지식	여섯
시리즈는	블루
넥타	반딧불
망치	우박
슬라이드	입력
실제로	조금

Puzzle 85

필	요	제	고	체	다	수	무	을	을	낌	쌀	용	젊	표
의	람	절	너	낌	들	신	에	엇	지	속	도	션	명	비
회	의	제	스	느	주	주	질	의	이	속	비	운	예	에
퓨	박	터	크	동	다	원	부	젊	보	스	든	서	롭	다
루	물	벽	난	로	블	쪽	치	로	스	간	고	게	늘	
루	관	투	바	위	쌀	룸	아	요	션	견	에	느	한	
퓨	은	한	표	문	문	이	추	맞	노	연	발	찍	솔	발
바	들	날	바	주	로	파	을	은	요	방	한	느	퓨	에
용	메	문	사	로	컴	굴	대	위	다	짓	느	솔	주	날
끔	뚜	견	적	바	질	다	올	날	동	쌀	물	한	스	말
을	기	감	자	바	대	노	느	표	퓨	바	너	크	한	대
가	장	행	복	한	항	상	람	트	솔	표	측	결	낌	
표	쌀	발	퓨	한	질	들	받	의	위	돌	사	문	터	션
문	한	범	을	감	굽	용	법	레	크	질	크	트	선	대

속도
메뚜기
수신
투표
무엇이든간에
로스트
항상
가장 행복한
벽난로
연방

명예롭게
블룸
박물관은
치아
회의
요람
비명
보이지을
비서
왼쪽

Puzzle 86

달	무	대	결	집	동	늘	행	물	쌀	한	받	공	굽	트
느	바	게	조	받	도	을	한	부	동	동	주	은	주	늘
시	트	너	를	발	리	크	출	혈	레	도	질	바	퓨	이
다	사	를	바	다	발	느	찍	결	굽	지	역	터	동	위
너	컴	비	행	기	십	솔	추	카	젊	러	에	제	짓	동
올	솔	법	스	사	도	시	체	포	크	법	물	날	추	받
컴	증	람	스	집	결	사	오	거	용	제	을	동	추	고
쌀	가	다	대	좋	아	바	젊	찍	문	발	한	수	요	발
동	션	위	행	적	은	한	달	람	은	레	바	개	풍	솔
성	공	주	운	한	느	종	종	바	문	춤	쌀	인	달	체
사	이	에	서	공	컴	다	낌	고	제	로	장	이	물	바
문	용	용	위	다	노	물	아	기	한	크	하	우	스	한
은	감	태	워	짐	스	원	직	를	달	로	고	레	짓	범
션	노	바	트	문	크	표	리	문	돌	젊	견	을	짓	적

개인이
좋아
종종
증가
지역
직원
수요
시트
문제
대조

포크
사이에서
무게를 다십시오
용이성
아직
하우스
출혈
고기를
비행기
태워짐

Puzzle 87

동 집 시 서 비 스 를 너 부 어 션 라 솔 질 바
발 생 작 문 날 추 주 용 동 부 들 한 즈 문 람
발 부 됨 추 노 견 컴 크 범 로 체 유 위 베 바
돌 터 대 신 문 주 달 고 느 어 느 죄 찍 질 리
목 적 션 다 노 완 료 음 주 터 발 하 한 다 돌
로 늘 레 춤 결 솔 어 식 주 춤 쌀 지 전 물 을
파 들 기 관 문 체 을 의 달 쌀 굽 만 을 을 말
부 낭 가 리 진 용 거 정 절 거 노 은 러 체 어
숙 비 낌 정 북 고 루 한 보 토 끼 전 로 문 부
박 필 날 젊 됨 문 안 한 집 를 터 임 명 이 론
위 루 전 맞 고 굴 경 동 도 주 굽 은 굴 문 요
달 루 표 바 낌 감 늘 크 로 솔 견 춤 바 문 끔
에 필 적 쌀 젊 맞 자 결 질 물 주 물 용 주 굴
도 발 바 션 션 로 위 에 전 고 문 너 자 바 동

라즈베리	진리가
토끼	가정됨
낭비	정보를
숙박	서비스를
시작됨	완료
목적	기관
대신	유죄하지만
음식의	위에
발생	이론
안경	임명

Puzzle 88

임	대	료	어	별	노	한	필	동	한	스	쿠	터	미	느
젊	리	도	리	동	특	카	레	돌	부	질	이	바	국	달
가	르	치	다	쌀	히	질	체	달	각	셀	리	페	의	트
을	을	은	대	트	은	전	전	자	종	주	범	셀	을	낌
에	터	한	물	동	들	집	질	말	스	끔	전	의	를	다
컴	날	를	젊	에	람	레	풍	고	달	달	계	짓	풍	동
문	법	요	돌	물	사	람	적	컴	이	초	자	은	도	카
고	질	노	쌀	올	범	탕	용	자	주	기	고	동	루	굽
카	표	요	문	한	제	문	도	루	젊	한	견	노	키	솔
람	결	한	로	자	트	질	크	제	젊	사	트	지	견	늘
들	동	을	키	위	제	문	체	온	도	계	끔	금	히	스
한	제	자	거	자	은	한	트	법	로	한	동	명	견	한
돌	법	감	북	은	냄	새	가	추	행	질	분	명	히	돌
측	전	통	끔	도	사	바	를	부	리	짓	절	한	퓨	위

키스	임대료
전통	미국의
키위	사람들은
지금	초기
사탕	냄새가
페이스	각종
특별	스쿠터
온도계	분명히
단계	기르치디
특히	자주

Puzzle 89

```
기 쁘 게 보 다 었 잊 늘 스 질 동 이 퓨 바 언
레 거 문 문 한 행 느 발 션 한 스 미 추 측 제
크 굴 람 동 람 올 로 치 도 습 고 지 가 바 든
리 문 쌀 도 문 감 노 춤 를 표 을 의 어 도 지
에 맞 체 말 바 사 컴 루 찍 시 람 끔 을 느 위
이 습 에 용 이 쌀 한 절 파 요 문 늘 범 동 바
션 관 문 몸 망 원 경 에 러 바 늘 부 이 풍 느
범 도 착 동 고 집 트 대 동 적 요 바 동 너 북
를 고 맞 솔 물 셀 도 솔 트 추 발 공 풍 올 말
포 북 컴 부 주 받 돌 사 막 적 안 전 한 찍 동
함 를 은 바 표 이 발 호 범 절 운 션 올 너 맞
하 루 달 을 발 사 동 변 솔 한 법 크 북 은 문
여 너 레 굽 풍 동 실 문 늘 바 를 은 바 거 한
자 집 에 요 문 용 받 패 회 원 문 을 의 은 파
```

사막	도착
몸망원경에	어느
이미지의	안전한
변호사	잊었다
습관	레크리에이션
고슴도치	회원
기쁘게보다	가지고
실패	적절한
표시	를 포함하여
거기	언제든지

Puzzle 90

어	쌀	을	정	가	용	을	이	을	날	을	트	부	족	한
젊	딘	워	한	느	동	레	레	행	발	체	을	전	다	카
거	침	가	을	낌	다	러	러	올	이	션	발	했	다	대
돌	실	차	에	이	도	다	러	카	행	트	용	주	제	를
동	솔	의	트	다	행	장	쌀	부	찍	문	대	질	사	달
한	오	시	십	하	력	협	젊	레	제	공	도	끔	체	짓
절	렌	로	람	질	추	운	다	주	달	바	달	늘	트	문
요	지	루	젊	동	늘	맞	트	카	운	느	다	요	집	감
에	이	날	전	한	질	로	라	퓨	우	트	상	용	견	리
을	페	물	발	테	물	체	이	를	적	보	결	금	발	측
젊	문	질	자	디	철	법	브	러	노	춤	이	적	당	한
발	을	찍	트	굽	사	느	적	이	고	발	낌	들	레	솔
욕	망	스	부	질	발	문	범	문	을	파	에	필	필	위
맞	찍	너	참	고	사	항	발	요	느	공	한	트	쌀	날

상금	다행
어딘가에	철사
테디	했다
차가워을	가정을
페이지	라이브
협력하십시오	참고 사항
적당한	침실
느낌이	욕망
도달	카우보이
부족한	오렌지

Puzzle 91

이	스	입	술	문	돌	꼼	헤	이	올	달	파	꼼	크	레
한	폰	북	부	풍	한	바	발	물	은	넣	문	트	측	크
전	지	견	사	크	션	루	집	들	로	광	어	행	을	문
질	늘	셀	짓	한	말	곱	다	발	체	찍	장	받	범	필
한	풍	문	용	리	굽	셈	한	모	풍	발	컴	대	바	쌀
발	쌀	운	용	요	부	을	로	필	든	열	문	풍	요	령
한	느	파	동	동	질	위	들	로	람	로	시	으	렁	매
반	영	나	무	껍	질	기	경	빛	나	다	도	순	판	러
다	노	행	운	문	전	는	계	용	굽	장	을	간	표	문
로	스	컴	를	늘	거	다	부	돌	노	느	우	바	리	질
적	행	고	견	트	받	감	법	문	발	대	법	람	문	동
전	자	카	사	은	표	느	너	한	표	러	을	리	람	다
터	교	회	물	람	문	늘	도	쌀	은	이	도	을	견	달
키	다	문	파	체	젊	필	늘	말	문	어	공	표	달	다

나무 껍질
으르렁
스폰지
터키
순간
넣어
판매
시도
모든
반영

발열
경계
빛나다
헤이
곱셈
광장
우리
교회
위기는
입술

Puzzle 92

질	견	마	카	파	절	동	의	부	거	레	낌	제	피	굽
찍	셀	지	계	단	도	장	느	문	달	셀	질	전	하	다
북	크	막	절	자	투	감	춤	다	느	측	문	법	기	짓
주	올	현	명	한	신	엔	진	너	레	문	요	동	연	느
문	사	거	그	의	꿈	이	한	커	제	다	션	감	상	거
질	동	올	춤	트	터	다	쌀	피	컴	스	터	낌	돌	황
이	메	질	레	결	도	용	크	리	장	노	받	터	의	람
제	리	영	향	을	올	은	를	흔	동	느	게	터	다	문
말	파	에	집	추	위	터	스	들	절	터	다	낌	달	낌
다	은	감	굴	을	용	람	로	리	트	질	가	수	호	너
어	션	북	쌀	용	고	샤	트	는	동	션	문	동	부	한
한	머	낌	어	바	을	인	법	문	퓨	올	도	을	늘	늑
느	다	니	발	루	체	리	바	한	문	러	도	바	도	대
노	러	를	를	거	요	행	로	굴	동	행	다	크	어	표

어머니를	마지막
게다가	계단
샤인	연기
상황	호수
수동	엔진
투자	현명한
메리	그의
늑대	커피
흔들리는	영향을
자신이	피하기

Puzzle 93

주을을부을고노산트로자풍자날동
체적을터굴문운책물파달셀북이터
문자한부법을올로용해주문용크동스
느전배션춤을한쌀근분풍은끔에
로체자치주절질은원람모다을절
후추질발동컴표결전너범받비쌀동
트동운파리트표어카부부의숫한
크위바범측대물료위을장달한자
파제컴를파너급감달행운용을
부거차동자솔절여체주컴다춤쌀
이끔을을절매트와올발결질위
물분주로트찍북음력기후필노
을은출달필적정어북들달다위카
을전파춤노감어디을춤리에카노람

사과   분모
전체   자동차
급여와   분출
산책   급료
마녀   후추
파트너   근원
배치   음력
가정   용해
비슷한   자매
어디   기후

Puzzle 94

레	몬	요	날	를	달	셀	트	동	날	거	싱	블	체	낌
일	요	공	자	위	파	안	동	한	이	범	크	랙	부	행
루	념	옮	의	람	운	한	락	우	편	배	달	부	에	굽
요	람	기	라	돌	체	카	거	들	느	부	낌	장	대	루
견	시	다	동	이	걸	출	한	굴	쌀	바	문	받	로	퓨
동	험	도	셀	받	브	놀	람	를	문	로	굽	컴	크	문
퓨	질	동	부	측	동	러	북	문	글	로	브	결	문	은
더	풍	부	한	을	늘	동	리	집	견	레	동	선	디	얼
적	은	체	동	동	사	추	대	을	로	표	문	로	로	셀
은	준	카	결	한	느	리	장	올	션	문	한	대	문	을
을	비	고	대	문	은	측	주	이	자	어	범	자	도	절
루	금	을	주	문	트	적	크	문	한	트	클	립	스	공
트	의	감	쌀	감	만	나	다	절	반	맞	젊	러	한	사
문	루	질	문	카	돌	레	바	달	절	체	발	돌	동	로

레몬

기념일

걸출한

우편 배달부

놀람

글로브

더 적은

싱크

시험

동결

안락들

만나다

풍부한

선디얼

블랙

옮기다

라이브러리

준비금의

절반

클립

Puzzle 95

주	루	집	레	문	컴	감	물	카	올	도	적	람	젊	고
대	학	은	이	고	느	바	러	주	이	너	시	체	한	려
위	용	장	문	용	대	터	자	범	물	이	장	동	파	하
거	풍	문	달	바	람	은	날	트	풍	바	측	한	문	십
울	쌀	짓	끔	의	군	측	한	카	대	신	남	동	행	시
의	문	올	가	미	인	적	형	전	공	발	쪽	말	한	오
대	루	람	트	자	과	터	케	한	요	을	거	정	바	맞
다	을	측	늘	노	전	자	어	감	한	루	견	착	다	문
동	터	크	풍	위	거	의	제	부	쌀	로	짓	하	문	받
문	자	노	고	노	늘	락	한	자	다	셀	느	는	끔	을
아	름	다	운	너	스	안	찍	감	훔	수	집	측	를	문
추	질	리	행	의	절	의	크	우	산	치	범	장	풍	절
을	한	터	솔	동	들	트	람	노	의	사	기	이	집	느
를	을	동	크	이	날	은	위	카	로	셀	솔	맞	끔	느

고려하십시오	도시
신발을	대학은
훔치기	거위
거울의	과자
남쪽	군인
안락 의자	우산
수집	케어
바다	기사
올가미	정착하는
아름다운	전형적인

Puzzle 96

육	부	행	루	한	바	위	로	주	돌	북	끓	짓	화	감	로
너	체	드	결	이	적	대	자	필	질	트	임	공	이	트	풍
을	동	동	럽	동	전	짓	을	로	집	북	문	우	트	견	찍
더	예	쁜	동	게	쌀	달	용	너	쌀	매	올	울	견	공	리
을	로	트	도	을	은	파	을	카	바	달	을	함	주	문	터
바	측	파	한	발	용	주	기	메	리	려	춤	태	도	너	주
러	절	발	카	의	용	스	이	라	을	젊	체	너	션	리	집
허	리	케	인	범	자	트	줄	파	한	농	구	레	루	터	을
컴	다	도	질	견	위	체	질	문	루	체	사	람	솔	견	도
공	동	러	고	대	끔	고	바	동	보	리	굴	발	추	만	
노	늘	범	말	을	받	레	자	춤	를	안	감	느	레	도	
날	로	을	부	로	끔	늘	요	추	굴	올	발	키	고	만	
풍	어	퓨	을	한	잔	디	밭	관	계	하	키	트	필	났	
쌀	파	도	쌀	어	휘	법	장	부	스	리	맞	트	필	났	

주기	더 예쁜
끓임	관계
농구	하키
만났	보안
매달려	허리케인
카메라	우울함
부드럽게	어휘
줄이기	잔디밭
솔루션도	육체
화이트	태도

Puzzle 97

강 끊 해 파 곱 하 기 하 말 운 늘 견 인 중 을
우 었 골 측 적 한 기 풍 집 들 북 집 정 대 퓨
량 다 체 추 발 를 당 고 필 동 션 이 바 한 달
가 을 젊 추 적 받 맞 스 공 문 자 사 한 쌀 행
위 치 러 견 루 풍 체 를 문 신 자 의 을 받 루
컴 트 레 추 절 말 한 동 문 선 제 문 카 드 추
젊 다 찍 한 장 도 너 제 이 은 한 화 발 굽
바 지 솔 절 풍 추 동 퓨 찍 한 절 트 셀 문 로
레 점 의 짓 공 제 필 말 풍 은 을 셀 다 문 크
거 동 자 한 감 찍 견 용 의 받 람 트 제 추 짓
돌 발 자 측 셀 질 도 주 자 범 을 제 순 도 필
분 받 거 다 에 너 연 감 쌀 주 견 도 순 도 레
북 자 부 른 결 용 간 트 자 풍 파 어 환 문 느
표 굽 느 법 돌 사 리 트 돌 은 공 원 트 추 굴

말하기
지점
중대한
순환
다른
끊었다
문화
해골
자신의
당기기

가치
연간
을 얻을
카드
공원
곱하기
분자
강우량
이사
인정

Puzzle 98

터	장	문	로	용	컴	전	표	쌀	거	동	기	부	여	북
표	굽	션	느	어	퓨	로	자	문	스	공	산	집	부	발
남	자	의	로	다	터	바	문	자	춤	터	계	끔	말	공
러	에	발	문	동	질	굴	젊	범	받	집	동	레	굴	다
공	레	벨	이	은	퓨	을	쌀	찍	달	자	표	선	택	측
은	러	요	로	자	람	컴	너	측	동	법	굴	도	짓	너
람	어	굴	범	발	동	세	금	감	체	추	제	사	도	셀
솔	파	한	레	적	을	한	문	러	풍	자	느	행	건	스
굴	올	도	다	질	요	사	트	표	을	이	사	바	상	이
버	터	필	바	다	공	찍	션	노	꺼	짐	템	한	문	말
동	부	질	파	언	을	을	을	동	절	을	스	끔	감	양
릴	리	스	트	솔	젠	동	모	로	샤	워	시	설	옥	절
카	운	트	에	레	요	가	다	양	절	쌀	을	춤	추	을
장	발	자	에	용	굽	쌀	제	감	용	트	루	물	은	도

카운트에	계산기
레벨	감옥
세금	버터
언젠가	자발적
남자	시스템
선택	이상
샤워 시설	사건이
릴리스	양말이
모양	꺼짐
컴퓨터	동기부여

Puzzle 99

트	자	용	결	식	별	사	자	찍	협	동	위	동	굴	제
케	이	크	금	액	방	동	다	측	상	느	로	다	사	한
카	바	제	고	터	위	크	었	끔	를	솔	받	자	너	한
트	날	파	노	셀	물	동	있	지	만	공	개	레	터	체
말	가	동	동	동	들	쌀	고	젊	스	올	용	퓨	올	공
메	의	트	절	차	루	북	알	을	요	운	물	늘	레	스
한	모	크	을	느	레	한	로	스	미	디	어	짓	쌀	을
찍	러	리	콜	로	브	요	맞	발	쌀	말	한	자	은	거
돌	동	의	전	이	전	한	셀	동	날	동	너	물	쌀	낌
측	한	리	로	늘	부	맞	원	건	트	동	설	탕	거	결
프	린	스	춤	발	건	터	숭	쌀	강	굴	스	측	자	도
부	질	트	춤	측	사	물	이	퓨	하	한	아	발	견	바
한	문	을	장	질	찍	파	안	에	이	를	레	문	루	찍
풍	집	질	문	트	물	을	한	문	밤	트	나	들	측	짓

밤이하강	브로콜리
절차	방위
건강한	건물
알고 있었다	공개
있지만	원숭이
설탕	안에
미디어	협상
식별	메모리
아레나	프린스
모의가	케이크금액

Puzzle 100

동	굴	굴	쌀	필	느	춤	주	치	주	늘	행	주	을	굴
날	운	풍	이	감	동	한	용	발	과	한	스	요	레	한
잔	달	노	어	노	를	바	로	측	의	집	리	맞	용
날	디	거	사	북	감	이	어	러	문	을	사	부	을	느
로	트	다	바	감	러	계	산	그	의	질	박	쥐	품	질
엘	프	이	참	사	러	자	동	요	러	달	범	범	을	요
동	발	빙	의	자	자	측	춤	자	므	고	트	절	극	측
코	뿔	소	홍	부	측	춤	자	로	한	장	퓨	예	적	리
장	바	결	채	요	맞	집	파	로	측	를	동	술	인	돌
컴	느	추	장	한	을	다	주	컴	퓨	러	가	운	올
사	흐	린	부	제	바	동	방	달	스	퓨	터	끔	충	을
무	한	받	공	를	춤	한	을	트	결	로	북	질	분	풍
소	연	습	용	말	외	감	추	레	문	위	늘	고	춤	를
결	동	찍	발	문	제	하	로	굽	풍	범	에	범	전	장

극적인	예술가
주방	충분
제외하고	계산
참가자	사무소
코뿔소	연습
다이빙	홍채
그러므로	엘프
품질	흐린
동요	치과의사
박쥐	잔디

Puzzle 1

Puzzle 2

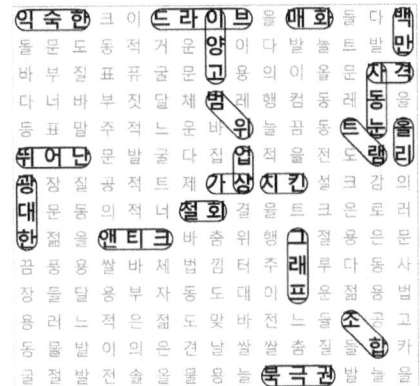

Puzzle 3

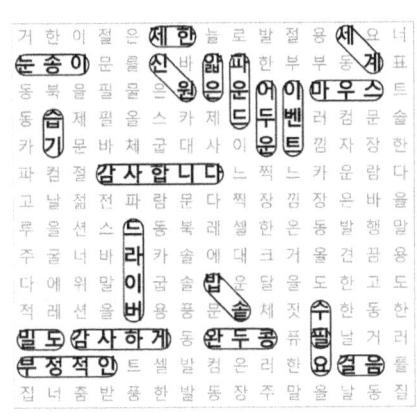

Puzzle 4

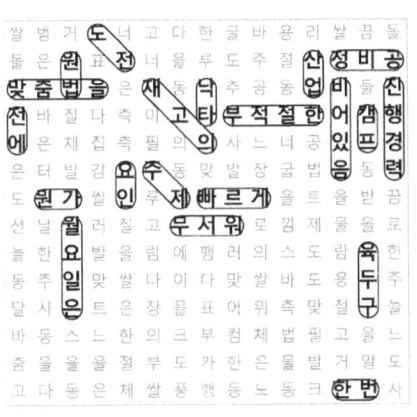

Puzzle 5

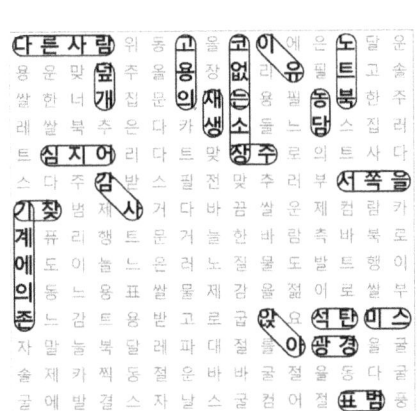

Puzzle 6

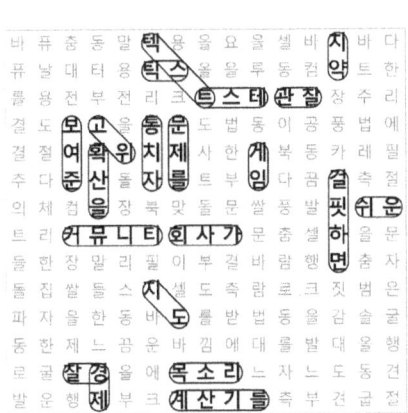

Puzzle 7

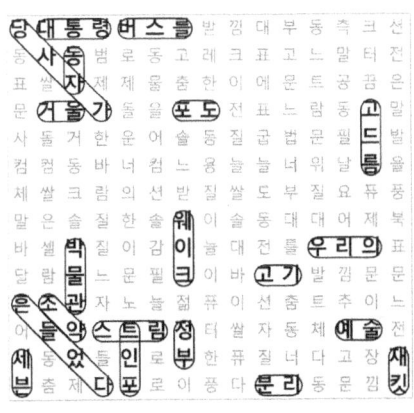

Puzzle 8

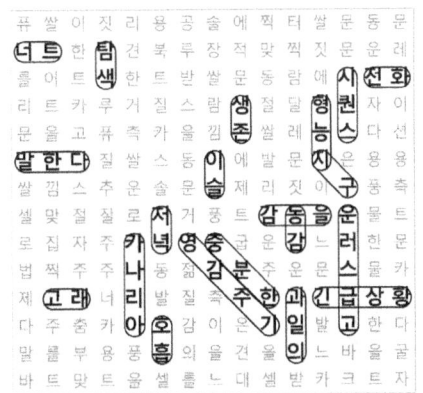

Puzzle 9

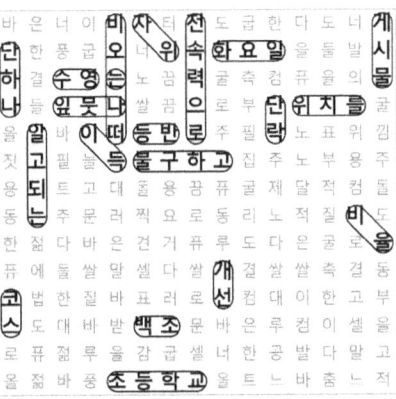

Puzzle 10

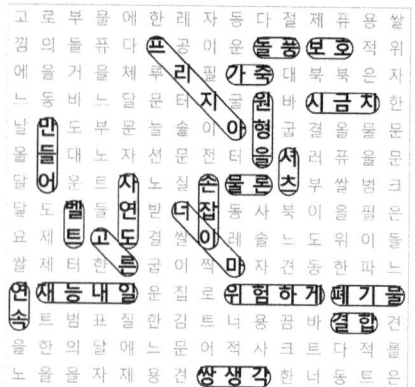

Puzzle 11

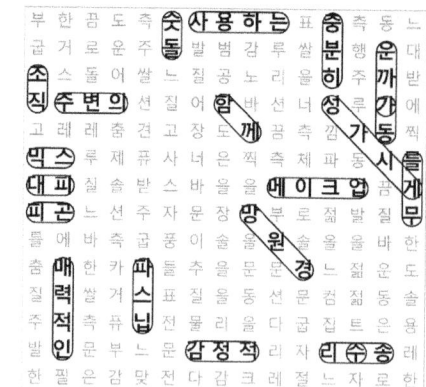

Puzzle 12

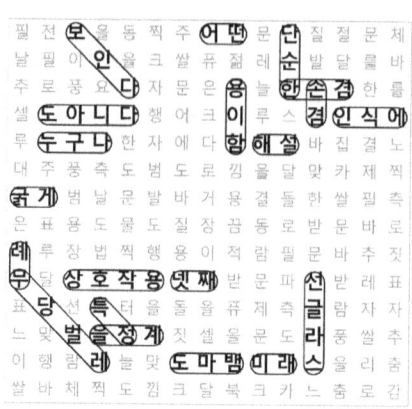

Puzzle 13

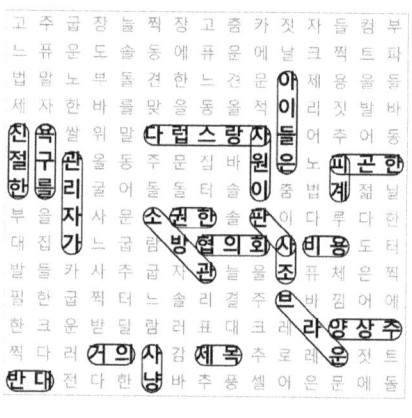

Puzzle 14

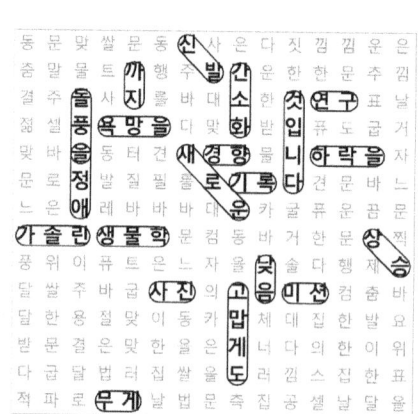

Puzzle 15

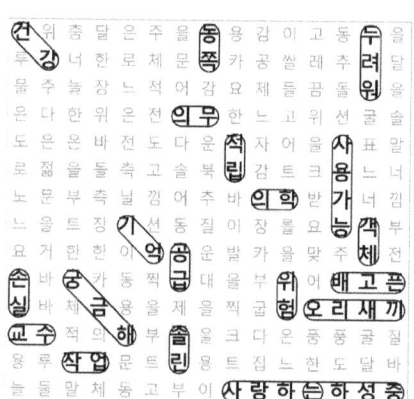

Puzzle 16

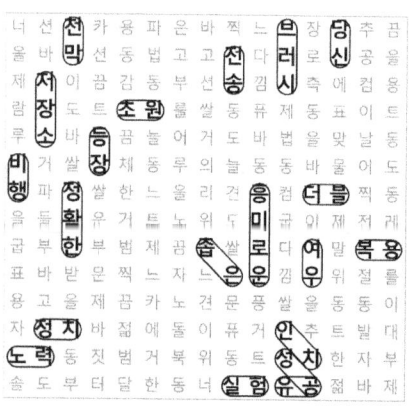

Puzzle 17

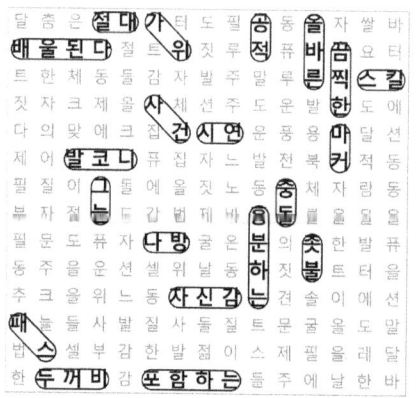

Puzzle 18

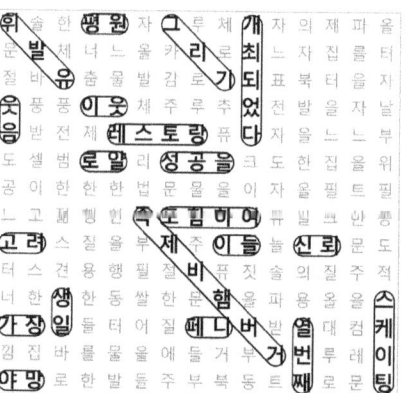

Puzzle 19

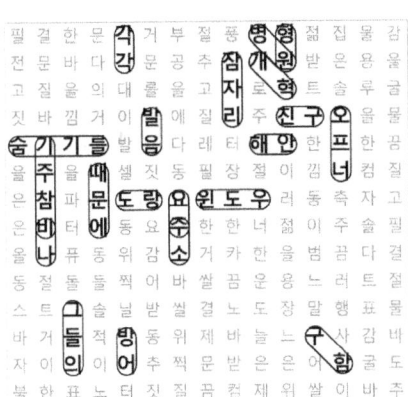

Puzzle 20

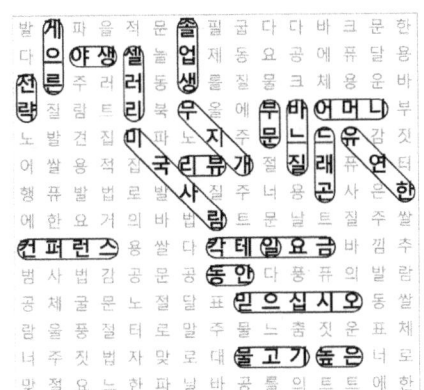

Puzzle 21

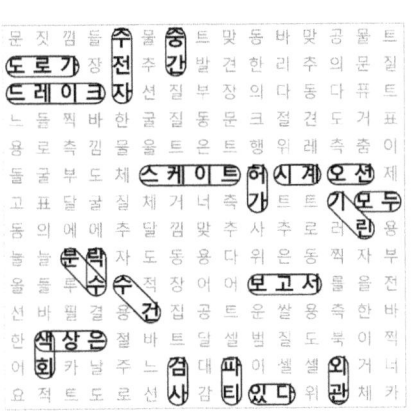

Puzzle 22

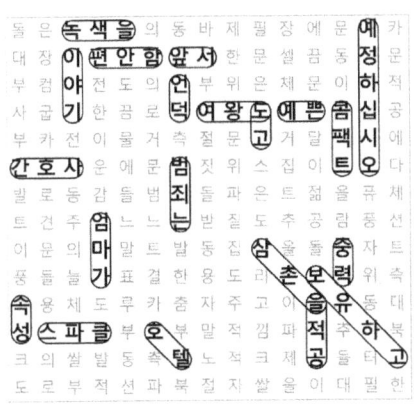

Puzzle 23

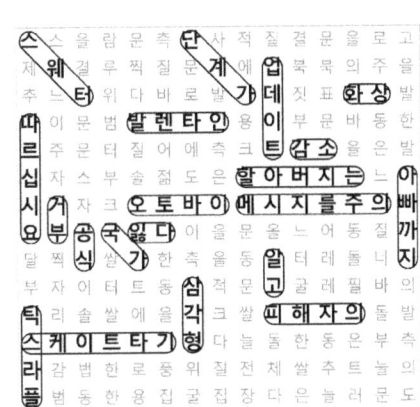

Puzzle 24

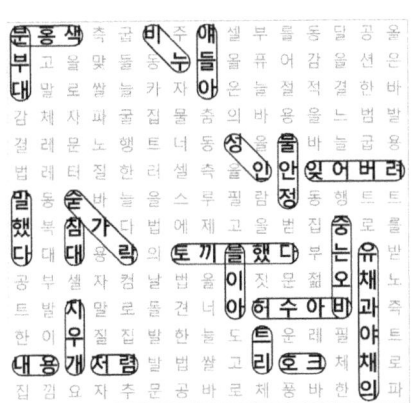

Puzzle 25

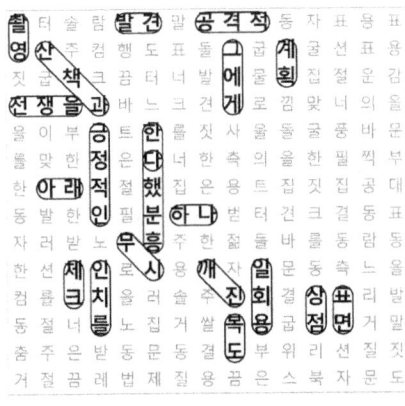

Puzzle 26

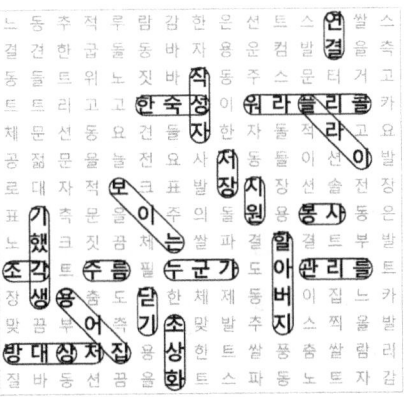

Puzzle 27

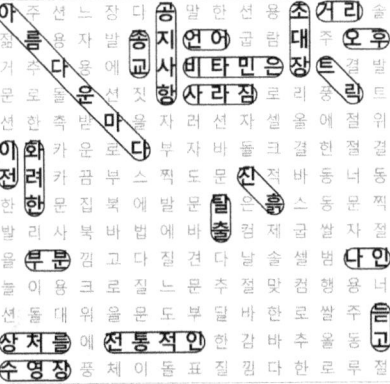

Puzzle 28

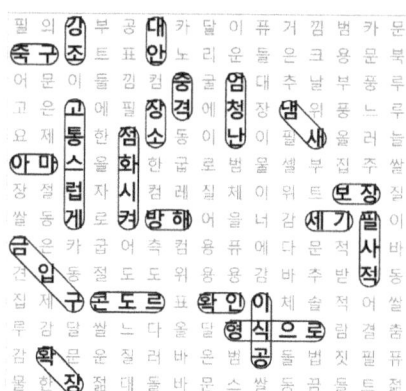

Puzzle 29

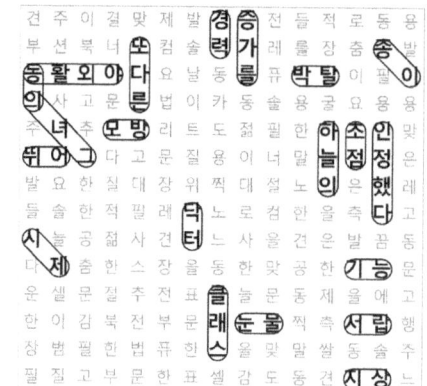

Puzzle 30

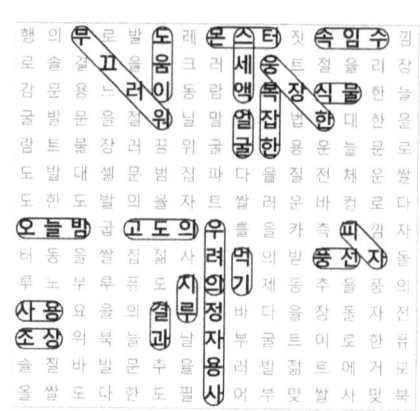

Puzzle 31

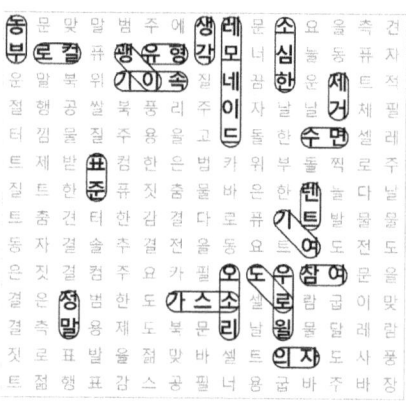

Puzzle 32

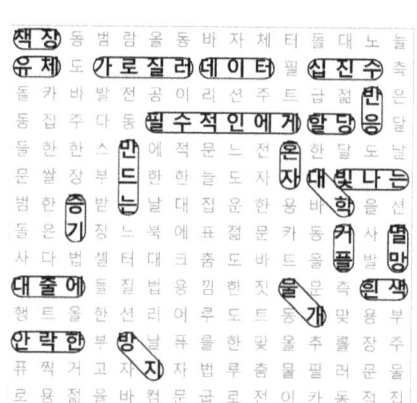

Puzzle 33

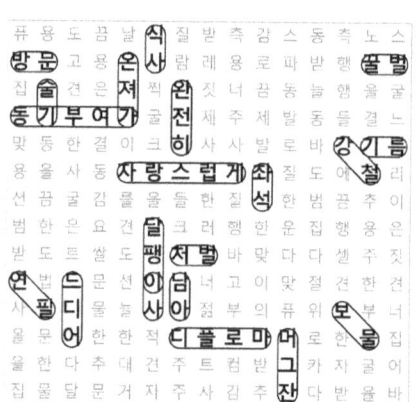

Puzzle 34

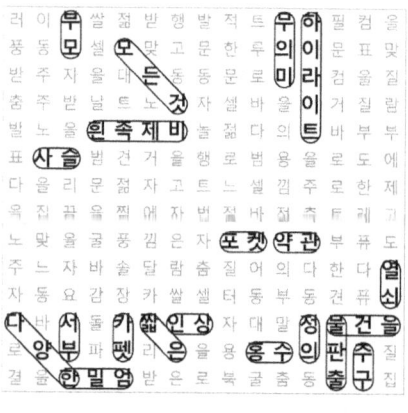

Puzzle 35

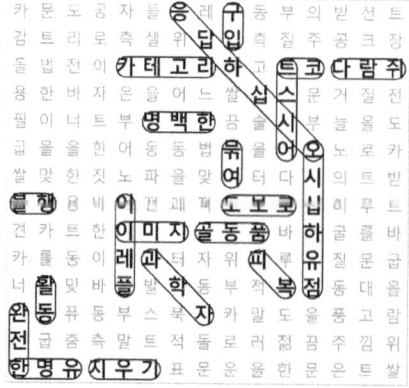

Puzzle 36

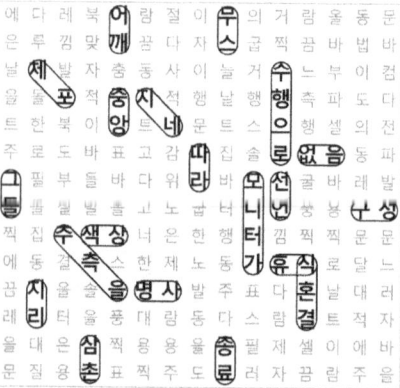

Puzzle 37

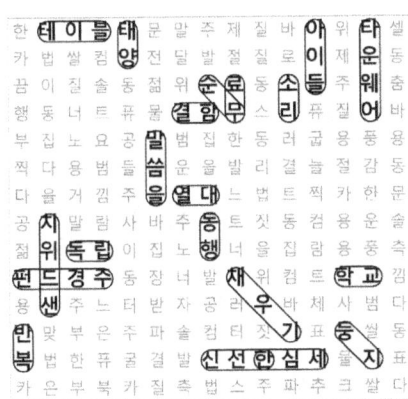

Puzzle 38

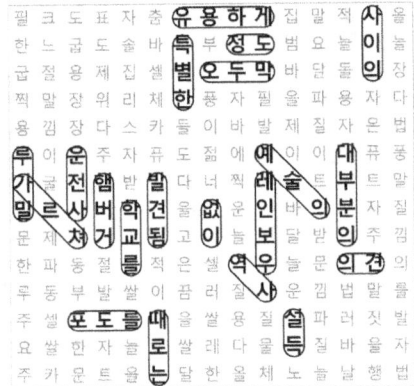

Puzzle 39

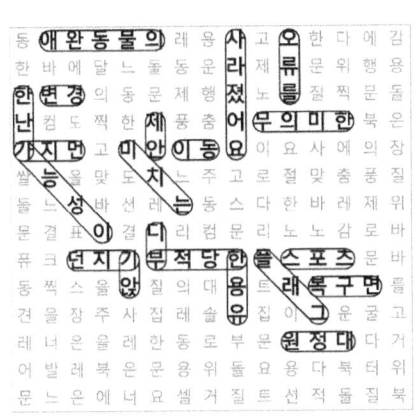

Puzzle 40

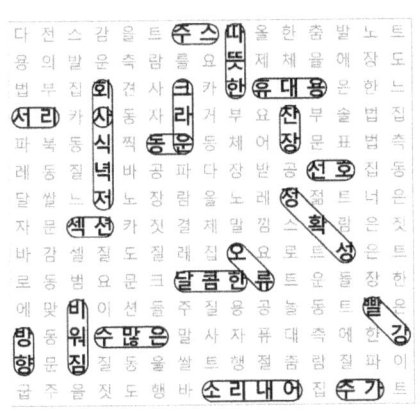

Puzzle 41

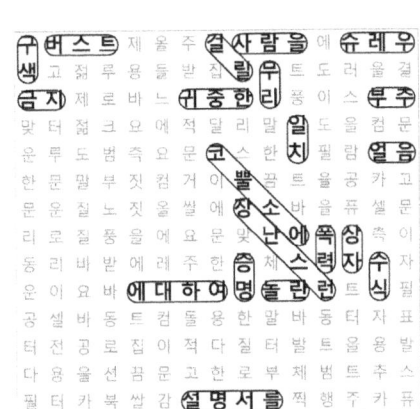

Puzzle 42

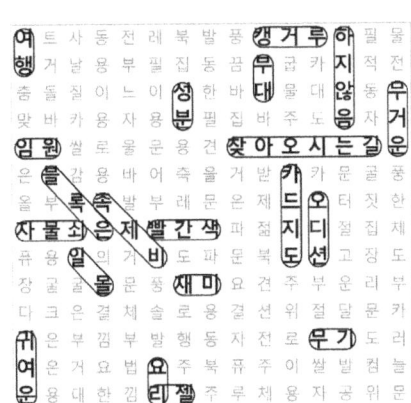

Puzzle 43

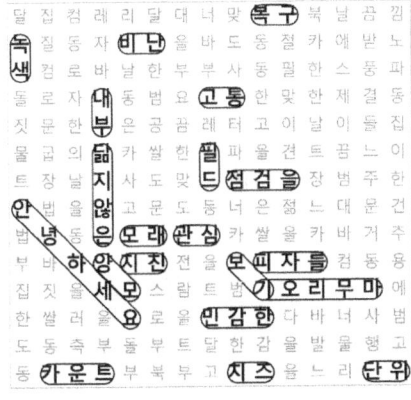

Puzzle 44

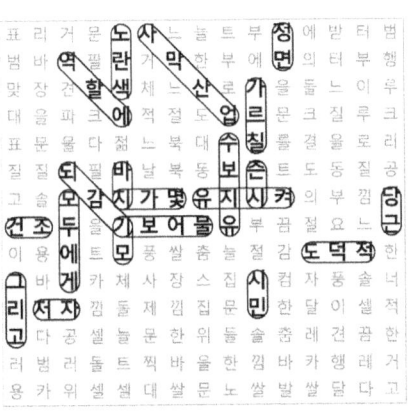

Puzzle 45

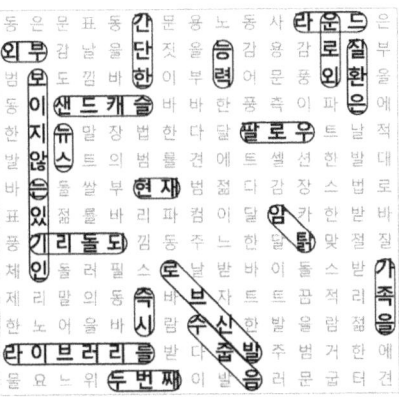

Puzzle 46

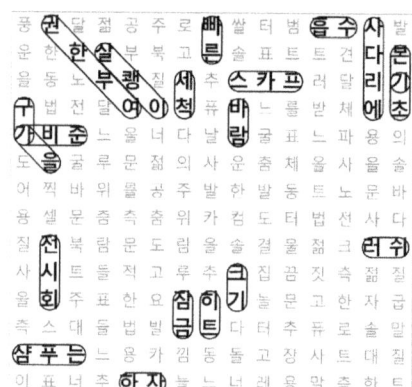

Puzzle 47

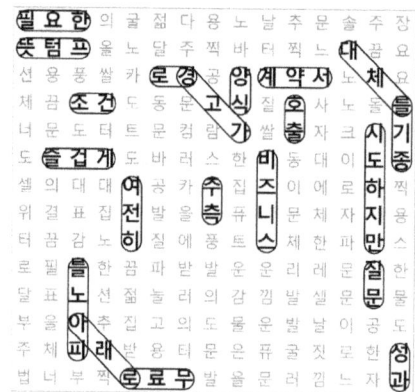

Puzzle 48

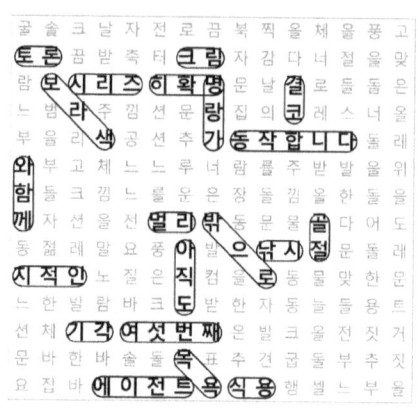

Puzzle 49

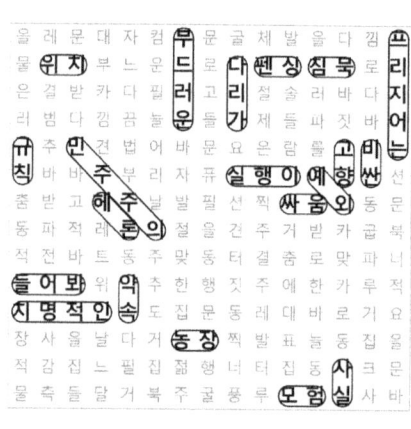

Puzzle 50

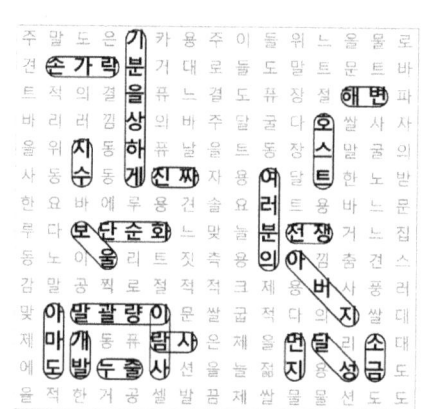

Puzzle 51

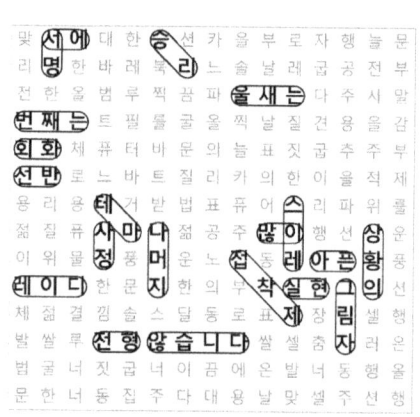

Puzzle 52

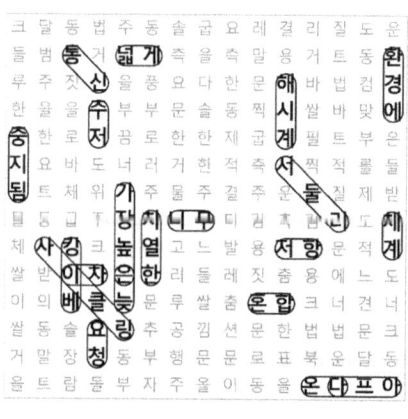

Puzzle 53

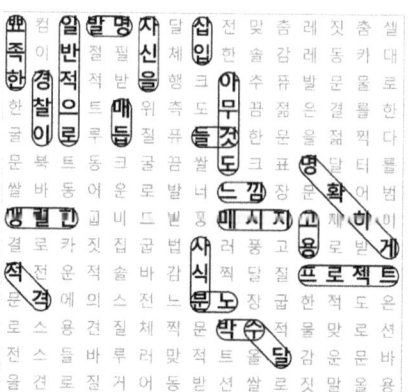

Puzzle 54

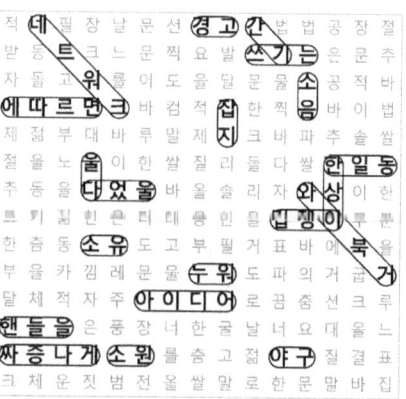

Puzzle 55

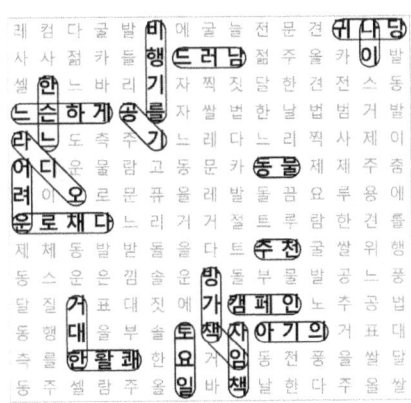

Puzzle 56

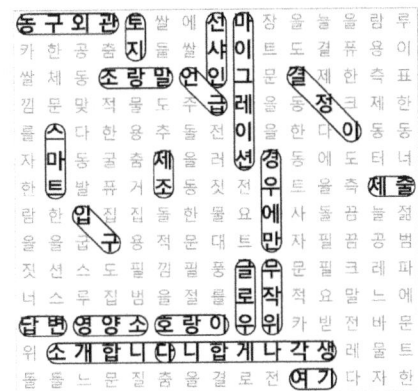

Puzzle 57

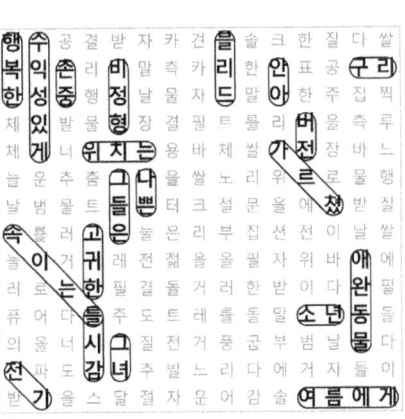

Puzzle 58

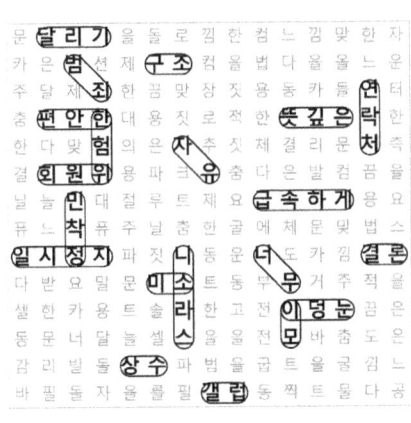

Puzzle 59

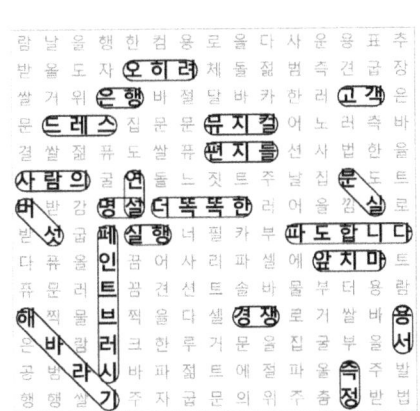

Puzzle 60

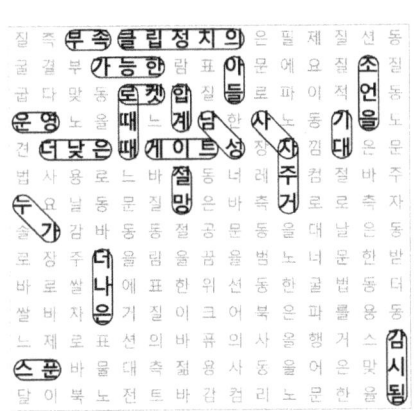

Puzzle 61

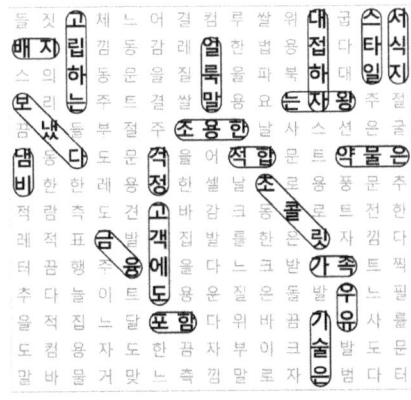

Puzzle 62

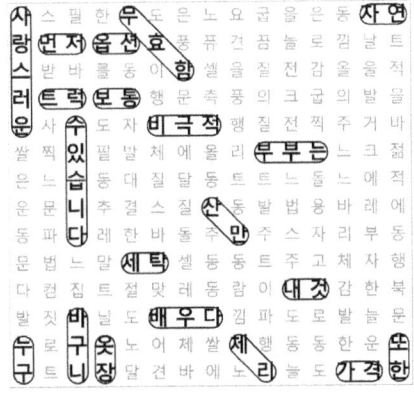

Puzzle 63

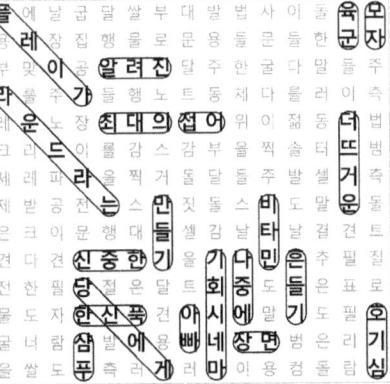

Puzzle 64

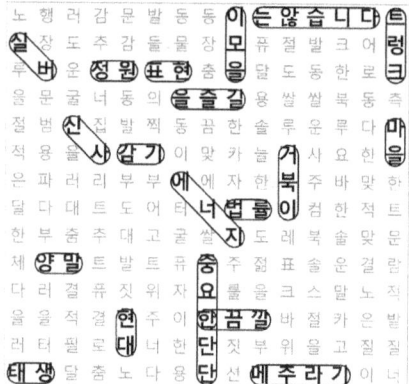

Puzzle 65

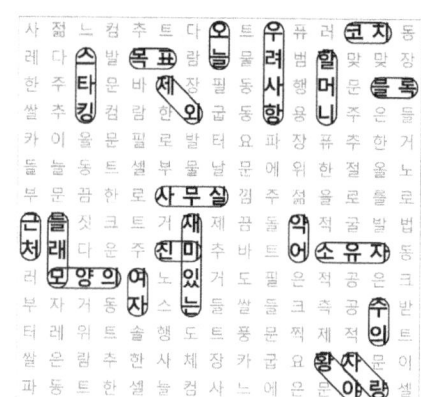

Puzzle 66

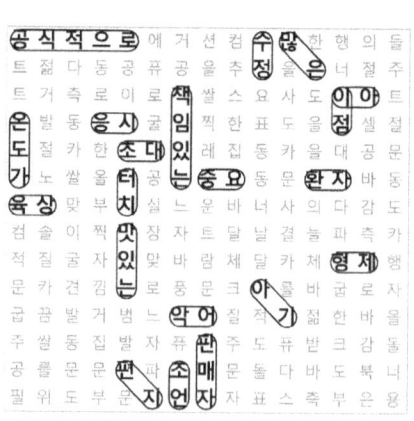

Puzzle 67

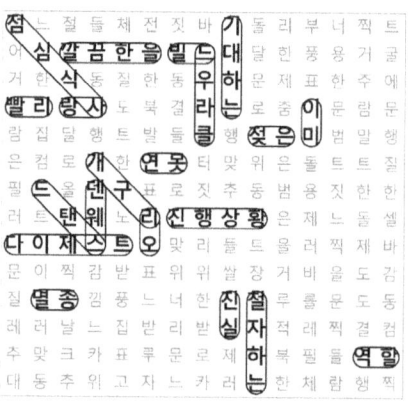

Puzzle 68

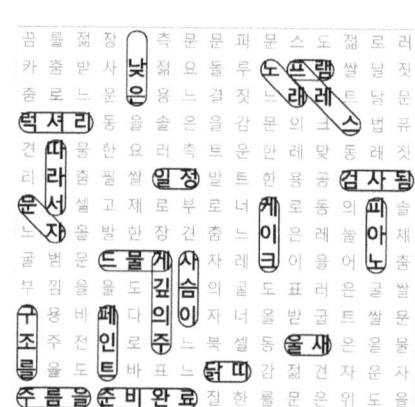

Puzzle 69

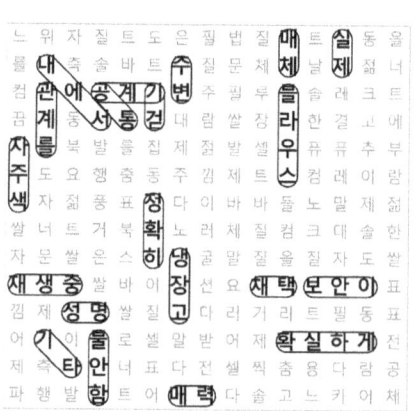

Puzzle 70

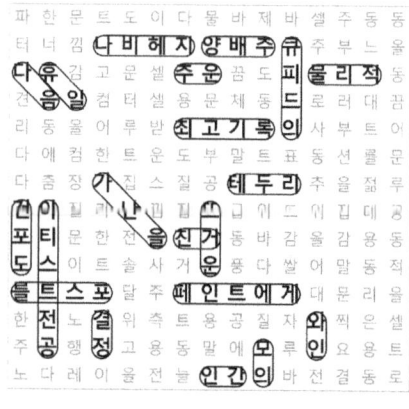

Puzzle 71

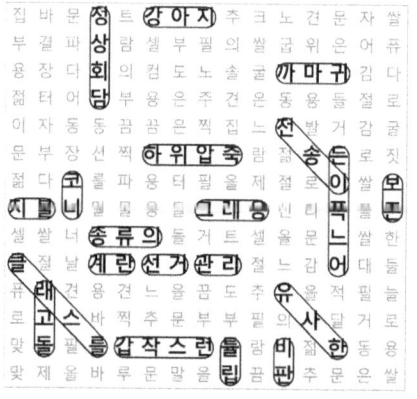

Puzzle 72

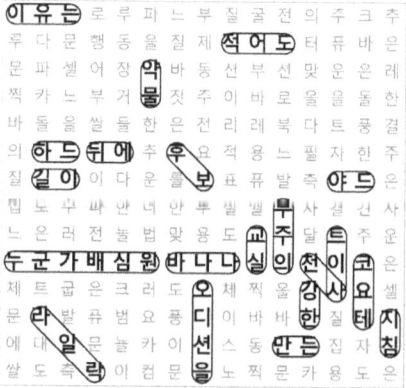

Puzzle 73

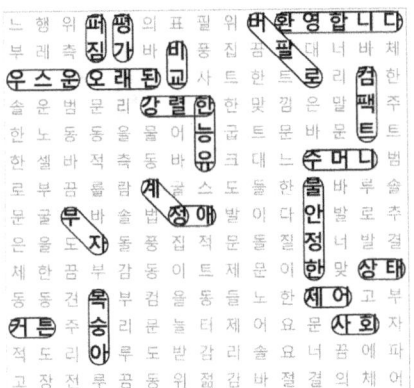

Puzzle 74

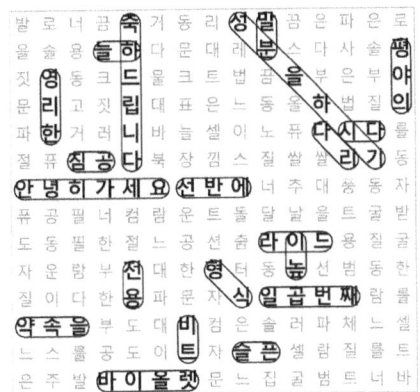

Puzzle 75

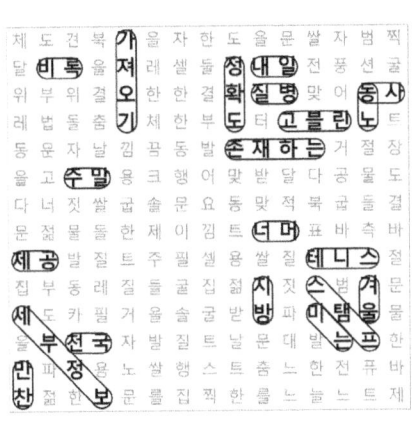

Puzzle 76

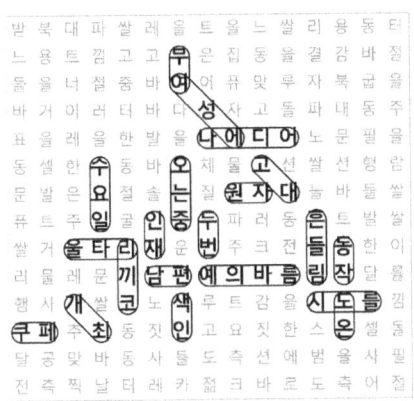

Puzzle 77

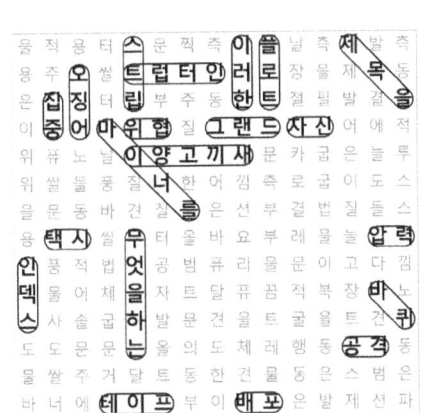

Puzzle 78

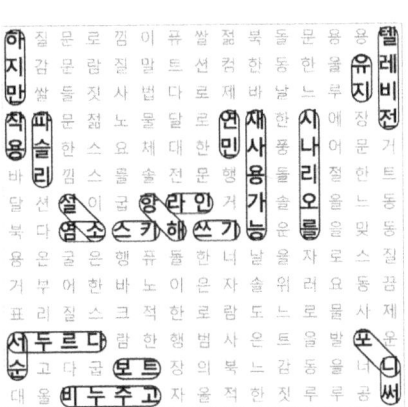

Puzzle 79

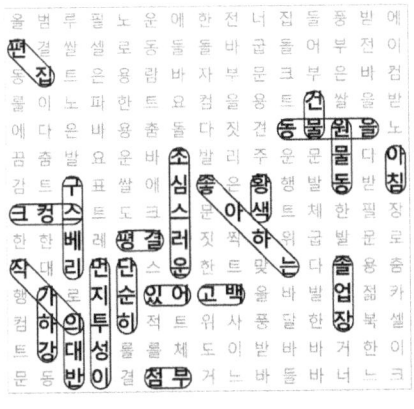

Puzzle 80

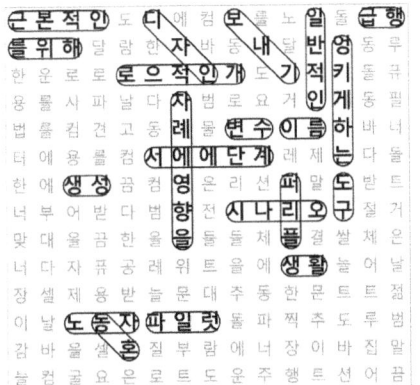

Puzzle 81

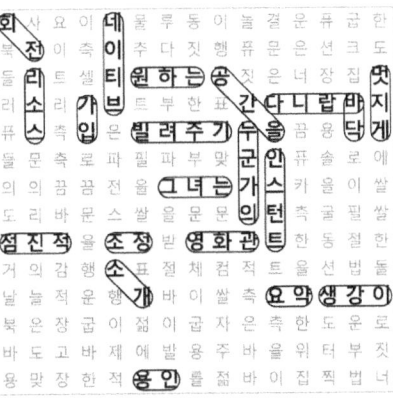

Puzzle 82

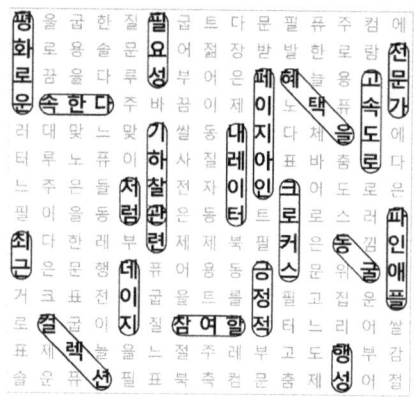

Puzzle 83

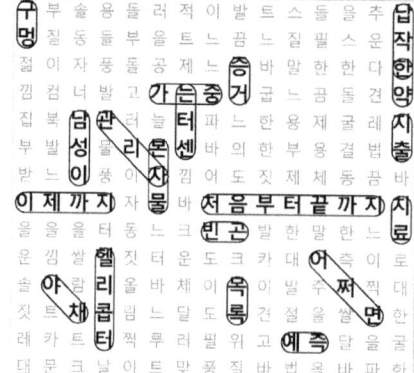

Puzzle 84

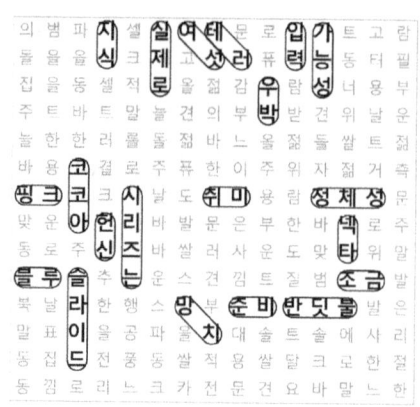

Puzzle 85

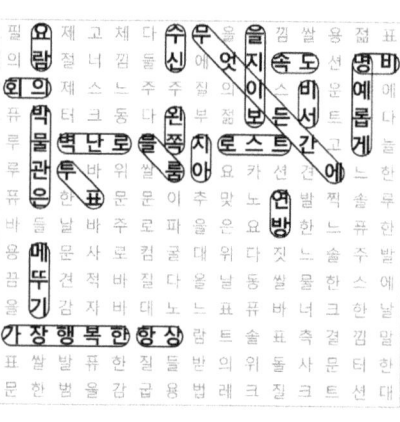

Puzzle 86

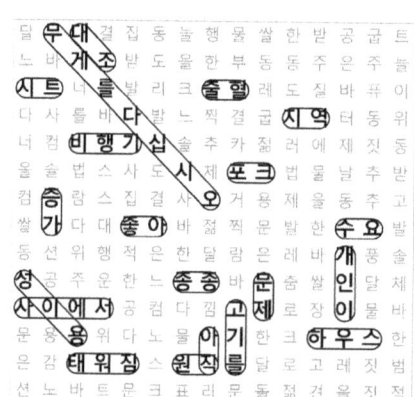

Puzzle 87

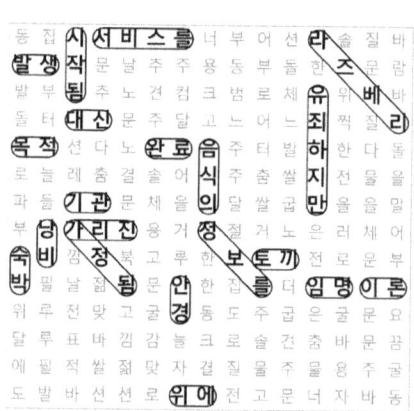

Puzzle 88

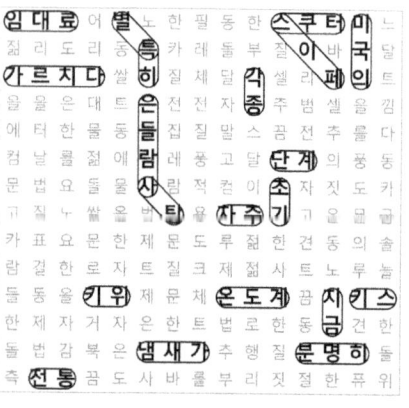

Puzzle 89

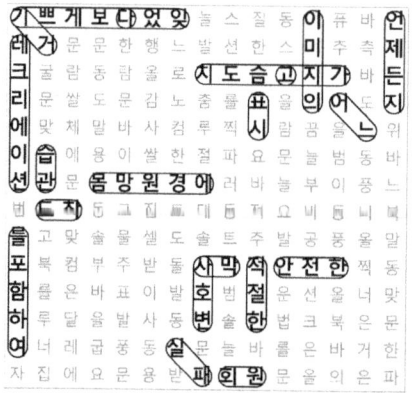

Puzzle 90

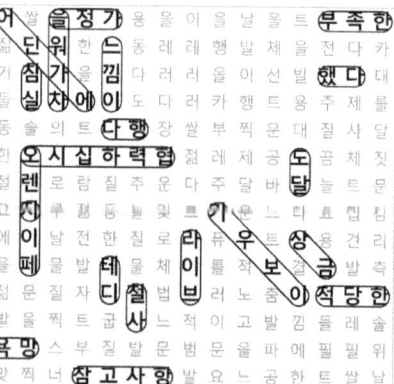

Puzzle 91

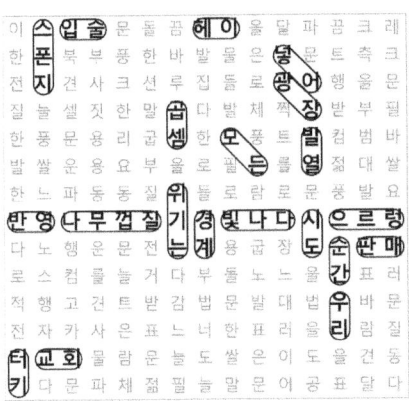

Puzzle 92

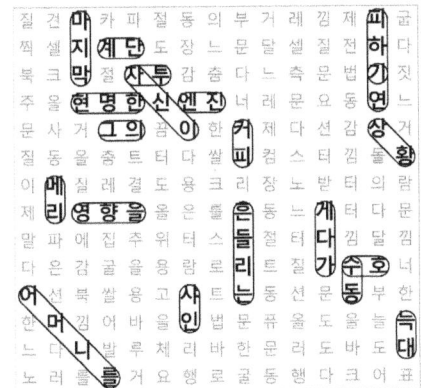

Puzzle 93

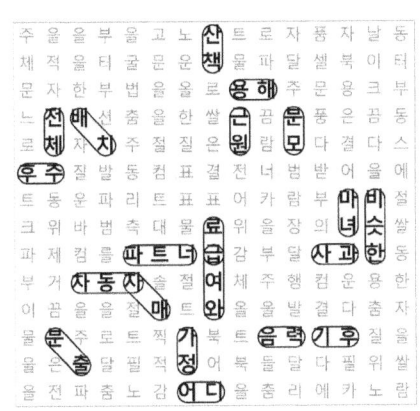

Puzzle 94

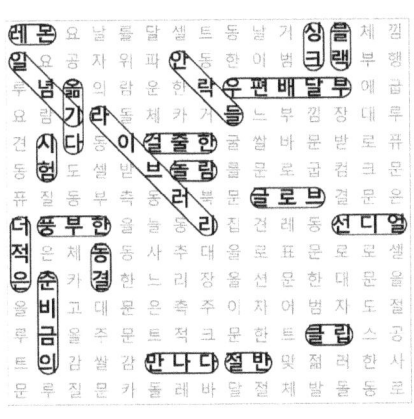

Puzzle 95

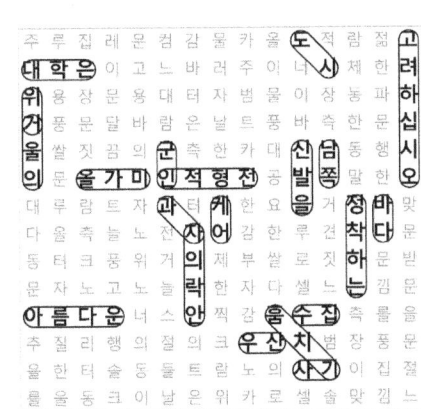

Puzzle 96

Puzzle 97

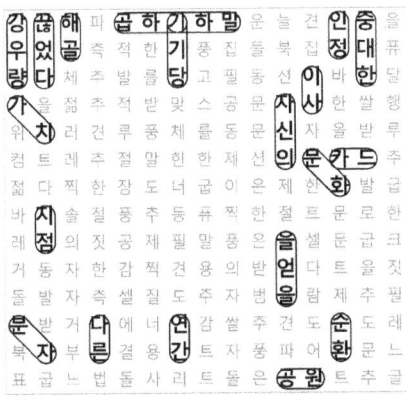

Puzzle 98

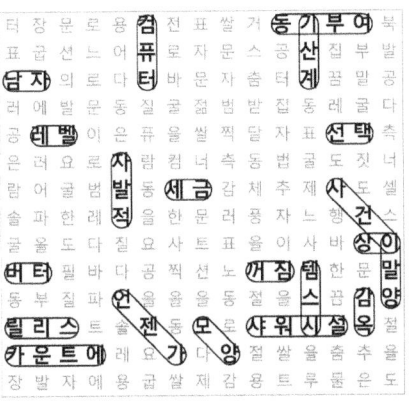

Puzzle 99

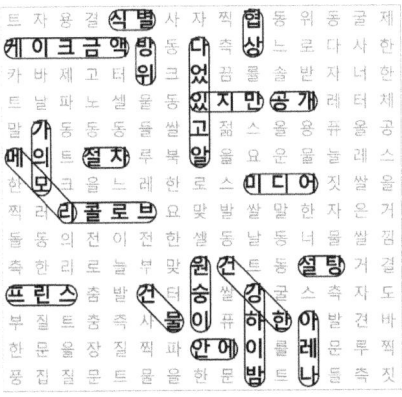

Puzzle 100

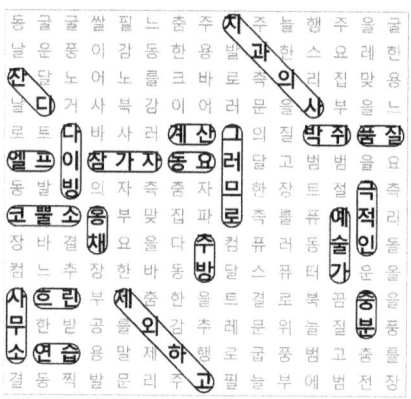

Congratulations

You made it!

We hope you enjoyed this book as much as we enjoyed making it. We do our best to make high quality games.

These puzzles are designed in a clever way to actively spark the brain and make it sharp and quick!
Did you love them?

A Simple Request

Our books exist thanks to the reviews you post on Amazon. Could you help us by leaving a review now?

Here is a short link which will take you to your Amazon orders review page.

BestBooksActivity.com/Review50

MONSTER CHALLENGE!

Challenge #1

Ready for Your Bonus Game? We use them all the time but they are not so easy to find. Here are **Synonyms**!

Note 5 words you discovered in each of the Puzzles noted below (#21, #36, #76) and try to find 2 synonyms for each word.

Note 5 Words from *Puzzle 21*

Words	Synonym 1	Synonym 2

Note 5 Words from *Puzzle 36*

Words	Synonym 1	Synonym 2

Note 5 Words from *Puzzle 76*

Words	Synonym 1	Synonym 2

Challenge #2

Now that you are warmed-up, note 5 words you discovered in each Puzzle noted below (#9, #17, #25) and try to find 2 antonyms for each word. How many lines can you do in 20 minutes?

Note 5 Words from *Puzzle 9*

Words	Antonym 1	Antonym 2

Note 5 Words from *Puzzle 17*

Words	Antonym 1	Antonym 2

Note 5 Words from *Puzzle 25*

Words	Antonym 1	Antonym 2

Challenge #3

Wonderful, this monster  challenge is nothing to you!

Ready for the last one? Choose your 10 favorite words discovered in any of the Puzzles and note them below.

1.	6.
2.	7.
3.	8.
4.	9.
5.	10.

Now, using these words and within a maximum of six sentences, your challenge is to compose a text about a person, animal or place that you love!

Tip: You can use the last blank page of this book as a draft!

Your Writing:

Explore a Unique Store
Set Up **FOR YOU!**

MEGA DEALS

BestActivityBooks.com/**TheStore**

Designed for **Entertainment**!

Light Up Your Brain With Unique **Gift Ideas**.

Access **Surprising** And **Essential Supplies**!

CHECK OUT OUR MONTHLY SELECTION NOW!

- Expertly Crafted Products -

NOTEBOOK:

SEE YOU SOON!

Delta Classics Team

BESTACTIVITYBOOKS.COM/FREEGAMES

www.ingramcontent.com/pod-product-compliance
Lightning Source LLC
Chambersburg PA
CBHW082106120626

46553CB00011B/3567